Die Veräußerung des Vermögens einer Aktiengesellschaft im Ganzen (Fusion)

Von

Jacob Ullmann
Justizrat

München und Leipzig

Verlag von Duncker & Humblot

1915

Altenburg
Pierersche Hofbuchdruckerei
Stephan Geibel & Co.

Inhalt.

§ 1.

Einleitung.

Das Allgemeine Deutsche Handelsgesetzbuch regelte in Artikel 215 Abs. 2 und 247 lediglich die Auflösung einer Aktiengesellschaft durch Übertragung ihres Vermögens und ihrer Schulden an eine andere Aktiengesellschaft gegen Ge-währung von Aktien der letzteren, den Fall der jetzt so-genannten eigentlichen Fusion. Mit anderen Möglichkeiten der Umwandlung handelsgesellschaftsrechtlicher Typen in einander befaßt es sich nicht. In allen anderen Fällen kann eine Metamorphose von Handelsgesellschaften jeder Art nur so vor sich gehen, daß die alte Gesellschaft sich nach den für sie bestehenden Regeln auflöst und die neue sich nach den sie betreffenden Grundsätzen neu bildet[1]. Jede Art der Auflösung einer Aktiengesellschaft oder Aktienkommandit-gesellschaft führte mit Notwendigkeit ihre Liquidation herbei (Art. 201, 202, 205, 294), mit Ausnahme der Auflösung im Falle der Fusion, bei welcher eine Liquidation nicht eintrat, vielmehr das Vermögen der aufgelösten Gesellschaft im Wege einer Universalsukzession auf die aufnehmende Gesellschaft ohne weiteres überging[2].

Die Novelle vom 18. Juli 1884 hat die zitierten Be-stimmungen des Allgemeinen Deutschen HGB. wörtlich über-nommen. Sie regelt jedoch, über dies Gesetzbuch hinaus-gehend, einen weiteren Fall der Umwandlung einer handels-rechtlichen Gesellschaftsform in eine andere in Art. 206 a, die Umwandlung einer Aktienkommanditgesellschaft in eine

---

[1] Wiener bei Goldschmidt, Bd. 27 S. 334. Lehmann bei Gold-schmidt, Bd. 50 S. 27.

[2] Ring, Bemerk. 1 zu Art. 205 u. Bem. 8 zu Art. 242.

Aktiengesellschaft. Ob schon die Novelle bei dieser Umwandlung Identität der neuen und alten Gesellschaft trotz
der Formenänderung oder nur eine Universalsukzession an-
nahm, ist streitig geblieben[1].

An diese gesetzliche Ordnung des früheren Rechts schlossen
sich Erörterungen über die Frage, ob der Vorstand einer
Aktiengesellschaft oder ihr Liquidator, ob überhaupt ein Liquidator das Vermögen der Gesellschaft als Ganzes veräußern
könne und welche Wirkungen der Abschluß eines solchen
Vertrages auf die Existenz der Gesellschaft haben müsse. Die
erste Frage wurde schon aus der Unbeschränkbarkeit der
Vollmachten von Vorstand und Liquidator Dritten gegenüber
bejaht, die zweite dahin beantwortet, daß der Fortfall des
Vermögens der Gesellschaft in seiner produktiven Gestalt, wie
dies die Veräußerung im Ganzen mit sich bringe, die Auflösung der Gesellschaft in sich schlösse.

Das neue Handelsgesetzbuch faßt entsprechend dieser
Entwicklung die Veräußerung des Vermögens einer Aktiengesellschaft im Ganzen zwecks Verwertung desselben als eine
besondere Art der Liquidation auf, indem es gleichfalls davon
ausgeht, daß eine solche Veräußerung, aus der die Absicht
der Gesellschaft zum Aufgeben ihrer produktiven Tätigkeit
sich ergebe, ihre A u f l ö s u n g bedeute und nach sich ziehe.
Es trifft in § 303 Bestimmungen über die Voraussetzungen
und Wirkungen einer solchen Veräußerung, und zwar ganz
allgemein. Es regelt in § 304 den Fall einer solchen Veräußerung an das Reich, einen Bundesstaat oder einen inländischen Kommunalverband, falls zugleich, was es bei einer
Veräußerung an diese juristischen Personen für zulässig erachtet,
das Unterbleiben der Liquidation vereinbart wird. Es ordnet
in § 305 Voraussetzungen und Folgen eines solchen Veräußerungsvertrages, wenn derselbe mit einer anderen Aktiengesellschaft derart geschlossen wird, daß für das veräußerte
Vermögen Aktien der übernehmenden Aktiengesellschaft gewährt werden, und in § 306 den Fall, daß hierbei das Unterbleiben der Liquidation vereinbart ist.

---

[1] L e h m a n n bei Goldschmidt, Bd. 50 S. 27.

Überall ist hier die Aktiengesellschaft der Aktienkommanditgesellschaft gleichgestellt, so daß es gleichgültig
ist, ob die übertragende Gesellschaft oder die übernehmende
Aktiengesellschaft oder Aktienkommanditgesellschaft ist (§ 320
Abs. 3 HGB.).

Ein fernerer Unterfall des § 303 ist in §§ 80, 81 des
Gesetzes über die Gesellschaft mit beschränkter Haftung (Umwandlung einer Aktiengesellschaft in eine G. m. b. H.) besonders geordnet.

In den §§ 331 ff. behandelt das neue Handelsgesetzbuch
endlich die Umwandlung einer Aktienkommanditgesellschaft
in eine Aktiengesellschaft. Es regelt sie in genauem An-
schluß an das bisherige Recht. Nur ist jetzt enschieden zum
Ausdruck gekommen, daß es sich bei dieser Umwandlung
nicht um eine Vermögensübertragung, um einen Untergang
des bisherigen Vermögensträgers handelt, daß vielmehr die
alte Gesellschaft in neuer Form fortbesteht, daß zwischen der
Aktienkommanditgesellschaft und der Aktiengesellschaft völlige
Personenidentität herrscht.

Auch das neue Handelsgesetzbuch geht von der für das
frühere Recht geltenden Anschauung aus, daß die Umwandlung von Gesellschaften im allgemeinen nur auf dem
Wege der Auflösung der alten Gesellschaft nach deren Regeln
und einer Neubildung nach deren Bestimmungen möglich ist
und durch die Übertragung des Vermögens der alten Gesellschaft auf die neue, sei es durch Einzelübertragung oder durch
Universalsukzession vermittelt wird. Nur in wenigen Fällen
erkennt es die Möglichkeit einer Verwandlung von Gesellschaften der Art an, daß die Rechtspersönlichkeit erhalten
bleibt, ein Rechtsübergang überhaupt nicht stattfindet und
nur die Gesellschaftsform, der Typ, sich ändert. So z. B.
im Falle der §§ 332 ff. HGB., des § 162 HGB., (cfr. auch
§§ 137 bis 139 des Genossenschaftsgesetzes)[1].

Für die regelmäßigen Fälle der Umwandlung von Gesell-

---

[1] RG.-Band 82 S. 47 ff. für das alte, Bd. 74 S. 6 ff. für das neue
Recht.

schaften enthält die grundsätzliche Regelung des § 303 HGB.,
der eine Liquidation, freilich in eigentümlicher Art, beibehält.
Die Fälle der Verstaatlichung und der Fusion §§ 304—306,
in denen die Liquidation fortfällt und Universalsukzession
eintritt, sind spezielle Fälle des § 303.
Im Folgenden sollen lediglich die in §§ 304—306 HGB.
geordneten Fälle der Umwandlung von Gesellschaften durch
Veräußerung des Vermögens im Ganzen erörtert werden.

§ 2.

Veräußerer und Erwerber (nach § 303).

I. Veräußerer kann nach § 303 nur eine Aktiengesellschaft sein. Da aber nach § 320 Abs. 3 für die
Aktienkommanditgesellschaft die Vorschriften über die
AG. gelten, soweit nicht aus den speziellen Vorschriften über
die AKG. oder aus dem Fehlen des Vorstandes sich etwas
anderes ergibt, und da Vorschriften nicht bestehen, welche
die Geltung des § 303 für die AKG. ausschließen, können
auch Aktienkommanditgesellschaften gemäß § 303 veräußern.
Solange die veräußernde AG. oder AKG. nicht ins Handelsregister eingetragen ist, existiert sie rechtlich als solche nicht;
es kann daher § 303 auf sie nicht Anwendung finden[1].
Die nichtige, aber eingetragene AG. gilt im Rechtsverkehr
als bestehende AG.[2] und kann daher den Vertrag des § 303
mit Dritten wirksam abschließen.
Für die bereits aus anderen Gründen in Liquidation befindliche Gesellschaft gilt das gleiche, wie allgemein anerkannt
ist und sich aus § 303 Abs. 2 ergibt[3].
Eine nichtige AG. wird nach § 311, wenn die Nichtigkeit
ins Handelsregister eingetragen ist, wie eine aufgelöste behandelt, was die Abwicklung ihrer Verhältnisse — also die

---

[1] Wiener in der Z. f. HR. 27, 381. Ziegler bei Holdheim 18, 58.
[2] Staub, Anm. 12 zu § 309.
[3] Ziegler bei Holdheim 18, 59. Staub, Anm. 9 zu § 303.

Befriedigung der Gläubiger, die Versilberung und Verteilung ihres Vermögens — betrifft.

Eine Veräußerung nach § 303 ist aber wohl die schnellste und radikalste Art der Liquidation und man wird deshalb auch bei einer solchen Gesellschaft die Anwendung des § 303 gestatten müssen. Daß nach Abs. 3 § 311 die Gesellschafter die versprochenen Einzahlungen nur so weit zu leisten haben, als es zur Erfüllung eingegangener Verpflichtungen erforderlich ist, steht nicht entgegen. Der Erwerber haftet den Gläubigern mit dem erhaltenen Vermögen, zu welchem eben auch und in dem erforderlichen Maße der Anspruch auf die rückständigen Einzahlungen gehört. Auch der Abs. 3 § 311 dient, ebenso wie die übrigen Vorschriften des § 311, dem Gläubigerschutz und ist dazu geeignet[1].

Eine in Konkurs befindliche AG. kann den Vertrag aus § 303 nicht abschließen, weil die Verfügung über ihr Vermögen auf den Konkursverwalter übergeht[2].

Schließen mehrere Gesellschaften einen Veräußerungsvertrag nach § 303 mit einem Dritten, so liegen in Wahrheit mehrere Verträge dieser Art vor[3].

Die Gesellschaft (AG. oder AKG.) ist die veräußernde Vertragspartei. Sie handelt durch ihr allein zum Handeln berechtigtes Organ, den Vorstand bzw. den persönlich haftenden Gesellschafter (§ 320 Abs. 2 § 231). Der Prokurist als solcher kann den Vertrag nicht abschließen, weil das der Betrieb des Handelsgewerbes nicht mit sich bringt[4]. Ist er nach § 232 Abs. 2 berechtigt, die Gesellschaft mit einem Vorstandsmitgliede zusammen zu vertreten, so kann er mit ihm zusammen auch den Vertrag des § 303 abschließen.

Dem Vorstande gleich steht der Liquidator.

II. Erwerber des Vermögens im Ganzen nach § 303 kann jede natürliche oder juristische Person sein, die nach

---

[1] Dies gegen die abweichende Auffassung Zieglers bei Holdheim 18, 59.

[2] Näheres unten im § 17.

[3] Ziegler a. a. O. S. 58.

[4] § 49 HGB. ROHG. 23, 28.

unseren Gesetzen rechts- und handlungsfähig ist, also auch solche jurstische Personen des Auslandes. Es sei schon hier bemerkt, daß die Sonderbestimmungen der §§ 304—306 jedoch auf ausländische Gesellschaften keine Anwendungen finden können, weil der deutsche Gesetzgeber nur für inländische Gesellschaften Bestimmungen erlassen kann, die die Rechtsgültigkeit ihrer Geschäfte und die Wirkungen von Eintragungen in das Handelsregister regeln [1].

Eine erst in der Gründung begriffene AG. kann, insofern sie eine Gesellschaft des bürgerlichen Rechts darstellt, den Vertrag des § 303 als Erwerberin abschließen, nicht aber, wie gleich hier bemerkt werden soll, einen Vertrag gemäß § 305, 306, da die noch nicht existente AG. Aktien nicht gewähren kann. Soll das Vermögen einer AG. bei der Gründung einer anderen AG. eingebracht werden, oder wollen mehrere Aktiengesellschaften ihr Vermögen als Ganzes in eine neu zu gründende AG. einbringen oder sich zu einer solchen verschmelzen, so sind lediglich die allgemeinen Gründungsvorschriften maßgebend. Die §§ 303—306 kommen nicht in Betracht [2].

Eine liquidierende oder in Konkurs befindliche Gesellschaft kann den Vertrag aus § 303 als Erwerberin nicht abschließen, weil dies dem Liquidationszweck oder Konkurszweck regelmäßig widersprechen wird.

Ist der Erwerber ein Aktionär der Gesellschaft oder, wie dies vorkommen kann, ihr einziger Aktionär, so kann seine Gegenleistung an die Gesellschaft, die ja als Liquidationsgesellschaft noch fortbesteht und als solche noch Pflichten hat, in dem Verzicht auf Berücksichtigung seiner Aktienberechtigung bei der Verteilung des Vermögens der aufgelösten Gesellschaft bestehen. Die Wirksamkeit dieses Verzichts, so wird man zu verstehen haben, soll erst eintreten, wenn der Liquidator das Vermögen an den Erwerber ausantwortet, also nach Ablauf des Sperrjahres. Einen anderen

---

[1] Lehmann-Ring Nr. 2 zu § 305 KG. 21 A 294. RG. 60, 62.

[2] Ziegler a. a. O. S. 58—59. Anders Lehmann-Ring Nr. 1 § 306.

Inhalt als einen Verzicht der angegebenen Art kann die Gegenleistung des Erwerbers, soweit Aktien der übertragenden Gesellschaft in Frage kommen, nicht wohl haben. In dem Moment, in welchem die Gegenleistung in die Erscheinung treten soll, bei der Ausantwortung des Vermögens der Gesellschaft nach Ablauf des Sperrjahres, erschöpft sich ja der Inhalt der Ahtienberechtigung der Aktionäre der aufgelösten Gesellschaft in ihrem Recht auf Teilnahme an dem Liquidationsergebnis. Ist der Erwerber der einzige Aktionär, so ist mit seiner Verzichtserklärung zugleich die vorletzte Aufgabe der Liquidation, diese Verteilung erledigt, und es erübrigt nur noch die Anmeldung des Erlöschens der Firma.

Ob eine Vernichtung der Aktienurkunden, welche der Erwerber besitzt, stattfindet oder nicht[1], ist gleichgültig. Durch den Verzicht schon wird die Aktienberechtigung des Erwerbers vernichtet.

§ 3.

Gegenstand, Inhalt und Form des Vertrages.

Der Zweck des in § 303 vorgesehenen Geschäfts ist die Liquidation der AG. kurzer Hand. Was sonst der Liquidator gemäß § 149 HGB. durch Versilberung der Bestandteile des Vermögens im einzelnen, Abgeltung der Schulden, Einziehung der Forderungen, bewirkt, soll hier durch einen einzigen Rechtsakt herbeigeführt werden: durch die Veräußerung des Vermögens im Ganzen. Der Erwerber übernimmt Aktiva und Passiva, den Inbegriff des Vermögens der Gesellschaft. Auch die Firma kann mit übertragen werden, da sie einen aktiven Vermögenswert darstellt. Was der Erwerber dagegen leistet, ist der zur Verteilung an die Aktionäre gemäß § 300 Abs. 1 bestimmte Reinertrag. Die Veräußerung des Vermögens im Ganzen geschieht nach dem Wortlaut des § 303 durch jedes Rechtsgeschäft, das eine Verschiebung der Eigentumsverhältnisse bewirkt, nicht aber z. B. durch Pacht oder Miete. Sie

---

[1] Ziegler bei Holdheim 18, 60.

geschieht zur „Verwertung". Es sollen an Stelle des Ver-
mögenskomplexes der Gesellschaft andere Werte gesetzt
werden, welche, sei es unmittelbar, sei es mittelbar durch
weitere Veräußerungen eine Verteilung an die Aktionäre zulassen. Eine solche „Veräußerung" kann also nicht durch
Schenkung erfolgen, weil diese eine derartige Verwertung
nicht ermöglicht, wohl aber durch jedes Rechtsgeschäft, bei
dem der Gesellschaft eine Gegenleistung wird, die in natura
oder in Geld umgesetzt unter die Aktionäre verteilt werden
kann, und ein Äquivalent für das Aufgeben ihrer Gesellschafts-
rechte bildet.

Die Gegenleistung kann in Geld bestehen oder in anderen
Gegenständen, in Obligationen, in Aktienrechten des Übernehmers usw. Der Liquidator muß andere Gegenstände als
Geld in Geld umsetzen, um verteilen zu können. Doch kann
die Generalversammlung auch Naturalverteilung anordnen,
soweit diese möglich ist[1].

Der Vertrag kann bestimmen, daß die Gegenleistung des
Übernehmers an die veräußernde AG. oder direkt an die
Aktionäre der letzteren zu gewähren ist. Im ersteren Falle
ist es Sache des Liquidators, gemäß § 300 und unter Beobachtung der Gläubigerschutzvorschriften (§§ 297, 301), die
Verteilung der Gegenleistung unter die Aktionäre vorzunehmen.
Ob auf die Verteilung der § 752 BGB. zur Anwendung kommt,
sie also, wenn nichts anderes bestimmt wird, in natura zu
erfolgen hat, soweit es möglich ist, und nur, soweit es nicht
möglich ist, gemäß § 753 Abs. 1 BGB. eine Versilberung und
Erlösteilung vorzunehmen ist, oder ob principaliter gemäß
§ 298, 149 HGB. diese Versilberungsliquidation erfolgen muß
und nur durch die Generalversammlung die Naturalverteilung
angeordnet werden kann, ist im allgemeinen streitig[2]. Das
aber ist übereinstimmend anerkannt, daß der Liquidator jedenfalls auf Beschluß der Generalversammlung die Naturalverteilung vornehmen muß, und zwar nach den Grundsätzen

---

[1] Staub, Anm. 3 zu § 300.
[2] Wimpfheimer S. 22ff. und die Zitate daselbst.

des BGB., so daß also nur so weit versilbert und der Erlös verteilt wird, als Naturalverteilung unmöglich ist[1].

Falls die Gegenleistung direkt an die einzelnen Aktionäre vereinbart ist, ist der Vertrag ein Vertrag zugunsten Dritter. Die Aktionäre erlangen daraus unmittelbar Rechte gegen den Erwerber. Sowohl der Liquidator als die Aktionäre selbst, können gegen den Erwerber auf Leistung an die Aktionäre klagen (§ 328, 335 BGB.) In dem Vertrage, durch den direkte Leistung an die Aktionäre vereinbart ist, muß bestimmt bezeichnet werden, wieviel von der Gegenleistung auf jede einzelne Aktie entfällt. Die Leistung an die Aktionäre direkt ist alsdann die Vertragsleistung und sie würde der erforderlichen Bestimmtheit entbehren, wenn sie nicht in der angegebenen Art genau festgesetzt wäre.

Das „Vermögen im Ganzen" muß Gegenstand des Veräußerungsvertrages sein, das Vermögen in seiner Totalität, als Komplex aller einzelnen Bestandteile, aktiver und passiver, als Inbegriff. Es ist jedoch allgemeine Meinung, daß das Vorbehalten einzelner Gegenstände und auch einzelner Schulden zulässig sei und den Begriff des Vermögens im Ganzen nicht ändere. Entscheidend ist nach Staub Anm. 2 zu § 303, ob etwas zurückbehalten wird, was bestimmt und geeignet ist, die Gesellschaft, wenn auch auf veränderter Grundlage als produktive fortzusetzen[2].

Da im Falle der §§ 304, 306 die übertragende Gesellschaft sofort untergeht, wie schon hier bemerkt werden soll, so ist freilich hier ein Zurückbehalten einzelner Vermögensbestandteile undenkbar. Sollen in diesen Fällen solche Ausnahmen erfolgen, so müssen sie vor dem Übergange des gesamten Vermögens an den Erwerber ausgesondert werden.

Die Form des Veräußerungsvertrages ist im § 311 BGB. bestimmt; es ist die gerichtliche oder notarielle Beurkundung erforderlich. Für Versicherungsaktiengesellschaften ist außer-

---

[1] Staub, Anm. 3 zu § 300.
[2] RG. 62, 70, 71, 380.

dem im § 13 des Gesetzes vom 12. Mai 1901 die Genehmigung der Aufsichtsbehörde vorgeschrieben.

Es kann der Veräußerungsvertrag auch in der Weise ab- geschlossen werden, daß die veräußernde Gesellschaft ein Angebot macht, welches dann der Erwerber in der gestellten Frist annimmt.

Endlich wird auch der Vertrag des § 303 wie jeder Vertrag bedingt abgeschlossen werden können.

§ 4.
Der Beschluß der Generalversammlung.

Der Abschluß des Vertrages nach § 303 ist nur auf Grund eines Beschlusses der Generalversammlung der ver- äußernden Gesellschaft zulässig. Für diesen Generalversamm- lungsbeschluß gelten die gewöhnlichen Regeln für General- versammlungsbeschlüsse überhaupt. Er muß also in einer von zuständiger Seite unter Beobachtung der gesetzlichen und satzungsgemäßen Formen und Fristen, mit gehöriger frist- gemäßer Bekanntmachung der Tagesordnung und an einen gehörigen Ort berufenen Versammlung der Aktionäre gefaßt, auch muß darüber ein gerichtliches oder notarielles Protokoll aufgenommen werden. Der auf Genehmigung lautende Be- schluß muß ferner mit einer Mehrheit gefaßt sein, welche min- destens drei Vierteile des bei der Beschlußfassung vertretenen Grundkapitals umfaßt, während für die Ablehnung der Ge- nehmigung eine solche Erschwerung nicht vorgeschrieben ist. Bei der Beschlußfassung vertreten sind Aktionäre nicht, die nur an der Beratung, nicht an der Abstimmung teilnehmen, gleichgültig, ob sie nicht mitstimmen wollen oder infolge einer statutarischen oder gesetzlichen Beschränkung ganz oder mit einem Teil ihrer Aktienrechte nicht mitstimmen dürfen. Der- jenige, mit dem der Veräußerungsvertrag abgeschlossen werden soll, darf nach § 253 Abs. 2 nicht mitstimmen, ist also bei der Beschlußfassung auch nicht „vertreten"[1].

---

[1] Staub, Anm. 4 zu § 251.

Sind verschiedene Aktiengattungen vorhanden, die verschieden hohe Stimmrechte haben, so müssen die höher berechtigten bei der Berechnung des vertretenen Grundkapitals entsprechend höher in Rechnung gestellt werden.

Die Satzung kann für den Beschluß gemäß § 303 auch weitere Erschwerungen bestimmen, Erleichterungen nicht. Sind Erschwerungen bestimmt, so muß der Beschluß natürlich auch die schwereren Bedingungen erfüllen.

Was den Inhalt des Beschlusses betrifft, so genügt nicht eine allgemeine Ermächtignng der Generalversammlung an den Vorstand (Liquidator), das Vermögen im Ganzen zu veräußern. Vielmehr muß der Beschluß sich auf den konkreten Inhalt des abgeschlossenen oder abzuschließenden Veräußerungsvertrages beziehen. Der Beschluß muß alle Essentialien des Vertrages genau und bestimmt erkennen lassen, insbesondere den Erwerber benennen[1]. — Nicht ein Veräußerungsvertrag, sondern ein bestimmter, der Veräußerungsvertrag muß den Gegenstand der Beschlußfassung bilden. Beschluß und Vertrag müssen sich decken. Es würde anderenfalls die Generalversammlung die in Rede stehende, ihr gesetzlich übertragene Funktion unzulässigerweise auf den Vorstand oder Liquidator delegieren.

Innerhalb des im wesentlichen bestimmten Beschlusses wird freilich dem Vorstand (Liquidator) die Befugnis zur selbständigen Gestaltung unwesentlicher Nebenpunkte überlassen werden dürfen.

§ 5.
Wirkungen des Beschlusses.

Der Beschluß der Generalversammlung hat zwei selbständige, von einander unabhängige Wirkungen: Die Liquidation der Gesellschaft und die Legitimation ihres Vertreters zum Vertragsabschluß.

---

[1] KG. 32 A. 159. Gareis, Anm. 4. Lehmann-Ring, Nr. 3. Staub, Anm. 8. Brandt, 3 C. zu § 303.

I. Wenn sich die Gesellschaft aus sonstigen Gründen noch nicht in Liquidation befand, so soll nach § 303 Abs. 2 der Beschluß der Generalversammlung auf Genehmigung des Totalveräußerungsvertrages die Auflösung der Gesellschaft „zur Folge haben". Der Beschluß ist gleichbedeutend mit dem Beschluß auf Auflösung der Gesellschaft gemäß § 292. Eine AG., die das Substrat ihrer wirtschaftlichen Existenz, ihr Vermögensganzes fortgeben will, dokumentiert eben dadurch und beschließt eben damit, daß sie ihren Daseinszweck aufzugeben gedenkt, d. h. sie beschließt ihr eigenes Ende. Die Gegenleistung, die die Gesellschaft durch die Veräußerung erhält, kann die Fortsetzung ihres bisherigen Betriebes, ihre individuelle Weiterexistenz nicht begründen. Es muß und kann deshalb neben dem Beschluß auf Totalveräußerung nicht auch der Beschluß auf Auflösung der Gesellschaft gefaßt werden. Auch bedarf es in diesem Falle nicht einer besonderen Ankündigung der Auflösung der AG. nach § 256 Abs. 1. Zum Handelsregister, das ja nur die Tatsache der Auflösung der Gesellschaft überhaupt, nicht die Gründe derselben darlegt, wird nicht der Beschluß auf Totalveräußerung angemeldet; nicht er wird eingetragen und publiziert, sondern nur der Beschluß auf Auflösung der Gesellschaft[1]. War die Auflösung und Liquidation schon vor dem Beschluß der Generalversammlung aus anderen Gründen erfolgt, angemeldet und eingetragen, so bedarf es einer Eintragung ins Handelsregister nach Ergehen des Beschlusses gemäß § 303 überhaupt nicht. Die Einreichung des Beschlusses zum Handelsregister hat zwar infolge der besonderen, nach ganz anderen Gesichtspunkten getroffenen Bestimmung des § 259 Abs. 5 zu erfolgen. Die Eintragung aber ist nur dann vorgeschrieben, wenn erst infolge des Beschlusses die Liquidation eintritt (§§ 293, 296). Ja, in diesem Falle ist Eintragung und Publikation sogar zur Rechtswirksamkeit des Beschlusses nötig, wenn durch ihn etwa eine Statutenänderung z. B. die vorzeitige Beendigung der AG. bewirkt wird.

---

[1] Brandt, Anm. 3 d und 4 b zu § 303.

Der Beschluß aus § 303, der gefaßt ist, ohne daß vorher schon die Liquidation aus anderen Gründen eingetreten war, hat die Auflösung der AG. zur Folge, nicht der auf Grund des Beschlusses geschlossene Veräußerungsvertrag. Selbst wenn es trotz des Beschlusses zu einem Veräußerungsvertrage nicht kommt, bleibt die Auflösung der AG. als Folge jenes Beschlusses bestehen. Und diese Folge kann nur durch eine Neugründung oder in dem erleichterten Verfahren des § 307 wieder beseitigt werden.

II. Eine zweite wichtige Folge des Beschlusses der Generalversammlung ist die durch ihn bewirkte Erweiterung der Machtbefugnisse des Vorstandes und Liquidators.

Der Abschluß des Totalveräußerungsvertrages durch den Vorstand ist nach § 303 ohne den Beschluß der Generalversammlung nicht „zulässig". Der Vorstand kann ihn mit rechtlicher Wirksamkeit nicht abschließen. Tut er es dennoch, so ist nihil actum. Das ist unstreitig[1]. Ebenso ist die Annahme allgemein, daß der Beschluß der Generalversammlung v o r dem Abschluß des Vertrages erfolgen kann oder nachher. Der Beschluß wird häufig als „Zustimmung" im Sinne des § 182 BGB. und als „Einwilligung" oder „Genehmigung" in Gemäßheit der §§ 183, 184 BGB. bezeichnet[2].

Aber der Anwendung der §§ 182 ff. auf den Generalversammlungsbeschluß steht die Erwägung entgegen, daß es sich in §§ 182 ff. um die Zustimmung eines Dritten zu einem Rechtsgeschäft zwischen zwei anderen handelt, der Beschluß der Generalversammlung aber zu dem Vertrage der Gesellschaft mit dem Erwerber des Vermögensganzen nicht als Zustimmung zu einem Rechtsgeschäft zwischen zwei anderen aufgefaßt werden kann, da man Generalversammlung und Gesellschaft, Organ und Organismus, unmöglich als verschiedene Personen im Rechtssinne betrachten kann.

Es bleibt alsdann die Frage, wie die Rechtslage in der

---

[1] Staub, Anm. 7 zu § 303.
[2] Staub, Anm. 8 zu § 303. Horrwitz, S. 456, 3. Lehmann-Ring, Note 3 zu § 303. RJA. 7, 192.

Zwischenzeit zwischen dem vorhergegangenen Abschluß und dem etwa nachfolgenden Generalversammlungsbeschluß aufzufassen ist.

Ist in dieser Zwischenzeit überhaupt schon eine Bindung eines Kontrahenten eingetreten? Wie soll der dann notwendige Schwebezustand beendigt werden?

Diese Fragen lassen sich nur auf Grund einer Betrachtung über die rechtliche Bedeutung des Generalversammlungsbeschlusses für das Verhältnis zwischen der Generalversammlung und dem Vorstande (Liquidator) beantworten.

Wie jede juristische Person, kann auch die AG. im Rechts- und wirtschaftlichen Verkehr nur auftreten durch Aktionen natürlicher Personen, die ihre Organe sind, durch deren Handlungen sie ihr Leben betätigt. Die AG. hat nach dem Gesetze drei solcher Organe, denen verschiedene Ausstrahlungen der Lebensbetätigung der AG. zugewiesen sind, die Generalversammlung, den Aufsichtsrat, den Vorstand.

Die AG. hat das autonome Recht, sich Statuten zu geben und sie zu ändern, ihren Zweck, ihr Grundkapital, ihre gesellschaftliche Struktur zu bestimmen, ihre Bilanz festzusetzen, über ihre Gewinne zu verfügen. Auf diesem Gebiet, dem rein gesellschaftlichen, der Bestimmung über ihre eigene Persönlichkeit betätigt sich die Gesellschaft durch die Aktion der Generalversammlung. Hier ist — natürlich in den vom Gesetz bestimmten Grenzen — die Generalversammlung allein kompetent und souverän. Die Generalversammlung hat außerdem die Befugnis, im Innenverhältnis verbindliche Vorschriften an den Vorstand über die Führung der Geschäfte zu erlassen, über die Art, wie der Vorstand nach außen hin handeln soll, auch dies in den Grenzen, welche das Gesetz zuläßt.

Nach außen hin aber kann die Generalversammlung nicht handeln. Sie ist n i c h t das Organ, welches das Leben der AG. nach außen hin, Dritten gegenüber betätigt. Sie kann den Willen der AG. zwar bestimmen, aber nicht erklären. Nach a u ß e n hin erklärt den Willen der AG. allein der Vorstand. Durch ihn und durch ihn allein tritt sie handelnd im

Rechtsverkehr auf. Der Vorstand ist in seiner Vertretungs-
befugnis unbeschränkt und unbeschränkbar (§§ 231, 235
Abs. 2).

Um auch die Stellung des Aufsichtsrats im Organismus
der AG. kurz zu skizzieren, so sei bemerkt, daß der Aufsichtsrat, wie sein Name es sagt, im wesentlichen Aufsichts-
rechte gegenüber dem Vorstande hat (§§ 246, 260, 295, 232,
238), daß er bei gewissen Beschlüssen der Generalversammlung ein Prüfungsrecht und eine Prüfungspflicht hat (§ 280,
306 Abs. 6, 207, 192, 193, 195) und nur in ganz wenigen
Fällen auch zur Vertretung der AG. nach außen bestellt ist
(§§ 247, 272, 222).

Generalversammlung und Vorstand, das sind die beiden
bedeutsamsten Organe der AG. Die Grenzen aber, welche
das Gesetz für ihre Kompetenzen im allgemeinen aufstellt
und die oben bezeichnet sind, sind in einigen Beziehungen
durchbrochen.

Die Generalversammlung hat in einigen Fällen das Recht,
die AG. zu vertreten und für sie nach außen wirksam zu
handeln. So z. B. in den Fällen der §§ 193 Abs. 3, 180
Abs. 2, 231[1]. (Berufung und Abrufung des Vorstandes),
§§ 190, 243 Abs. 4, 245 (Berufung, Abberufung und Honorie-
rung des Aufsichtsrats), § 260 (Entlastung von Vorstand und
Aufsichtsrat), §§ 266 Abs. 1, 268 Abs. 2 (Bestellung von
Revisoren und Prozeßvertretern), § 236 Abs. 1 (Bestimmung
über die Konkurrenz des Vorstandes).

Auf der anderen Seite ist die sonst unbeschränkte Fähig-
keit des Vorstandes, für die AG. zu handeln, durch das
Gesetz eingeschränkt. So in den Fällen des § 205 (Vergleiche
und Verzichtleistungen betreffend Regreßansprüche gegen
Gründer, Emittenten, Vorstand und Aufsichtsrat aus der
Gründung), § 207 (Sachübernahme, Nachgründungen), §§ 303 ff.
(Veräußerungen des Vermögens im Ganzen).

In diesen Fällen kann der Vorstand die AG. nach dem

---

[1] Staub, Anm. 16 zu § 231.

Gesetz nicht vertreten, und da auch die Generalversammlung
sie nach dem Gesetz nicht vertritt, so hätte sie an sich zu
ihrer Vertretung in diesen Fällen überhaupt kein Organ.
Das Gesetz hat aber der Generalversammlung hier die Macht
gegeben, die von ihm gesetzte Schranke der Befugnisse des
Vorstandes durch einen Beschluß zu beseitigen. Dem Vorstand, der sonst in diesen Fällen nicht vertretungsberechtigt
ist, verleiht erst der Beschluß der Generalversammlung die
erweiterte Vertretungsmacht. Die Generalversammlung handelt
auch in diesen Fällen nicht als Vertreterin der AG. Nicht
sie schließt den Vertrag ab, sondern der Vorstand, der durch
den Beschluß der Generalversammlung nur die Fähigkeit erwirbt, im konkreten Falle für die AG. abzuschließen.

Das Gesetz spricht im § 205 von einer „Zustimmung"
der Generalversammlung, ohne welche der Vergleich oder
Verzicht nicht „zulässig" sei, im § 207 von der „Zustimmung"
der Generalversammlung, ohne welche der Vertrag betreffend
die Sachübernahme nicht „wirksam" sei, in dem § 303 ff.
davon, daß der Vertrag des Vorstandes auf Totalveräußerung ohne den „Beschluß" der Generalversammlung nicht „zulässig" sei. Trotz der Verschiedenheit der Wortfassung ist
offenbar an allen drei Stellen gemeint, daß der Vorstand ohne
die übereinstimmende Willensäußerung der Generalversammlung nicht fähig sein soll, über die dort vorgesehenen Gegenstände mit Dritten zu paktieren.

In keinem der genannten Fälle aber ist, wie gesagt, der
Beschluß der Generalversammlung „Zustimmung" im Sinne
der §§ 182 ff. BGB. In keinem ist die Generalversammlung
„Dritter". Sie ist vielmehr überall Organ der AG., dem das
Gesetz in casu die Funktion zugewiesen hat, durch seine
Willenserklärung den Mangel in der Vertretungsmacht des
Vorstandes für den einzelnen Fall in seiner konkreten Gestaltung zu ergänzen. Die „Zustimmung" der Generalversammlung kann daher nicht, wie dies in § 182 BGB. bestimmt ist, dem einen oder anderen Kontrahenten erteilt
werden. Vielmehr ist diese Zustimmung nur ein gesellschaft-
liches Internum, eine Willensoffenbarung der AG. gegenüber

dem Vorstand, allein an seine Adresse gerichtet, nicht eine Willenserklärung an den Dritten [1].

Analog anzuwenden sind deshalb nicht die Bestimmungen der §§ 182 ff. BGB., sondern die Bestimmungen in §§ 1829, 1830 BGB., die von der Genehmigung des Vormundschafts-richters zu Handlungen des Vormundes in gewissen Fällen und von den Folgen des Mangels solcher Genehmigung handeln.

Denn auch in den Fällen, in denen nach dem BGB. zu Handlungen des Vormundes die Genehmigung des Vormund-schaftsgerichts nötig ist (es seien insbesondere die Fälle der §§ 1643, 1812, 1821, 1822 genannt), ist die sonst und im allgemeinen unbeschränkte und unbeschränkbare Ver-tretungsmacht des Vormundes gesetzlich begrenzt. Er kann in den betreffenden Fällen nicht für den Mündel handeln. Seine Rechtsgeschäfte bedürfen, um wirksam zu sein, der Ge-nehmigung des Richters. Die Genehmigung kann bei Ver-trägen vor oder nach dem Vertragsschluß erfolgen. Die im § 184 ausdrücklich dem Worte „Genehmigung" beigelegte technische Bedeutung der nachherigen Zustimmung wird hier im Bereiche des § 1829 BGB. als technische nicht bei-behalten. „Genehmigung" bedeutet hier nichts anderes als das allgemeine Wort „Zustimmung" in § 182 BGB. [2]

Die richterliche Genehmigung erst verleiht dem Vor-munde die Befugnis zur Vertragschließung im konkreten Falle, genau so, wie der Beschluß der Generalversammlung in den Fällen der §§ 205, 207, 303 die Handlung des Vorstandes (Liquidators) erst wirksam macht, indem sie dessen Vertretungs-macht für den einzelnen konkreten Fall erzeugt. Auch hier ist es gleichgültig, ob die Genehmigung des Vertrages vor oder nach dessen Abschluß erfolgt. Wie die Genehmigungs-

---

[1] Im Gegensatz hierzu ist die im § 222 Abs. 4 (Übertragung von Kleinaktien) erwähnte „Zustimmung" des Aufsichtsrats und der General-versammlung eine „Zustimmung" im Sinne des § 182 BGB., eine Zu-stimmung zu einem Rechtsgeschäft zwischen dem alten und dem neuen Aktionär, also zwischen Dritten.

[2] Staudinger, Anm. 2 zu § 1828 BGB.

erklärung des Vormundschaftsgerichts nur dem Vormunde gegenüber wirksam erfolgt. (§ 1828 BGB.), während die „Zustimmung" des § 182 jedem der beiden anderen Kontrahenten gegenüber erfolgen kann, so kann auch die Genehmigung der Generalversammlung wirksam nur dem Vorstande gegenüber erfolgen. Die Generalversammlung als solche, kann ja überhaupt nach außen hin nicht auftreten; sie existiert nur bis zu ihrer Beschlußfassung. Mit ihrem Schluß ist ihr Dasein dahin. Ihre Beschlüsse sind dem Vorstand von dem Vorsitzenden der Generalversammlung zur Kenntnis zu bringen oder der Vorstand hat sich von Amts wegen, von sich aus, danach zu erkundigen, um sie zu kümmern, sie zu befolgen. Dieser in der organischen Stellung der Generalversammlung und ihrer Kompetenz begründete Zustand führt zu demselben Ergebnis, das für die vormundschaftsgerichtliche Genehmigung der § 1828 ausdrücklich sanktioniert, so daß auch an diesem Punkte die Analogie der Rechtslage scharf hervortritt. Hier wie dort handelt es sich um eine Beseitigung der gesetzlichen Schranke der Vertretungsmacht eines sonst unbeschränkten Vertreters in bestimmten Fällen durch den zustimmenden Ausspruch einer anderen Einzelperson oder Personenmehrheit, derart, daß diese Zustimmung oder Genehmigung als eine Erklärung lediglich gegenüber dem Vertreter anzusehen ist und nur ihm gegenüber ausgesprochen werden kann.

Ist die Genehmigung der Generalversammlung oder des Vormundschaftsrichters v o r dem Abschluß des Vertrages erklärt, so ist damit die Schranke der Befugnis des Vertreters bei Abschluß des Vertrages beseitigt gewesen und der Vertrag wirksam geschlossen. Ist die Genehmigung vorher nicht erteilt gewesen, so hängt, wie im Falle der vormundschaftlichen Genehmigung nach § 827—829, so auch in den Fällen der §§ 205, 207, 303 die Wirksamkeit des Vertrages von der n a c h t r ä g l i c h e n Zustimmung ab. Man wird insoweit unbedenklichdie analoge Anwendung auch des § 1829 zulassen können.

Fraglich kann sein, ob sich die analoge Anwendung auch auf Satz 2 des Absatz 1 § 1829 bezieht. Das ist anzunehmen.

Es wird also die Wirksamkeit des ohne vorherigen Beschluß der Generalversammlung abgeschlossenen Vertrages nach § 303 beginnen mit der Mitteilung von dem zustimmenden Beschlusse der Generalversammlung durch den Vorstand (Liquidator) a n d e n E r w e r b e r. Bis dahin wird freilich der Erwerber an seine Zustimmung zum Vertrage schon gebunden sein, ohne daß es die Gesellschaft ist. Aber solche Schwebezustände sind unvermeidlich und das Gesetz gibt in Abs. 2 § 1829, der gleichfalls analog auf den Fall des § 303 HGB. anzuwenden sein wird, das Mittel, diesen Schwebezustand zu beendigen. Der Erwerber kann den Vorstand (Liquidator) zur Mitteilung darüber auffordern, ob die Generalversammlung zugestimmt hat, und wird dann frei, wenn er nicht die Mitteilung von der Zustimmung erhält. Die analoge Anwendung des § 1829 Abs. 2 auf den Fall des § 303 (205, 207) HGB. hält allerdings nicht völlig Stand, was die Frist betrifft. Im Falle des § 1829 wird die vom Gesetz gegebene Frist von zwei Wochen stets ausreichen, wenn es sich um die Beschaffung eines Beschlusses des Vormundschaftsgerichts handelt. Im Falle des § 303 kann die Frist von zwei Wochen zur Erwirkung eines Beschlusses einer Generalversammlung nicht genügen, weil gesetzliche und statutarische Vorschriften schon für die Einberufung von Generalversammlungen längere Fristen nötig machen. Man wird also im Falle des § 303 von dem Erwerber die Setzung einer längeren, a n g e m e s s e n e n Frist fordern müssen, wenn es sich um die Erwirkung eines Beschlusses der noch zu berufenden Generalversammlung handelt. Auch die Frist des § 1829 Abs. 2 kann ja von den Kontrahenten verkürzt oder verlängert werden; ihre D a u e r ist dispositiv. Im Falle des § 303 wird man annehmeu müssen, daß der Erwerber sich einer längeren, nämlich einer den Umständen nach angemessenen Frist zur Wahrung seines Rechts gemäß § 1829 Abs. 2 hat unterwerfen wollen.

Daß auch der § 1830 BGB. auf das Sachverhältnis des § 303 analog anwendbar ist, bedarf näherer Darlegung nicht.

§ 6.

Abschluß und Wirkungen des Vertrages nach § 303.

Wird der Genehmigungsbeschluß der Generalversammlung gefaßt, bevor der Vorstand den Vertrag mit dem Erwerber abgeschlossen hat, so tritt nunmehr in jedem Falle die Liquidation ein; an die Stelle des Vorstandes tritt der jetzt zu bestellende Liquidator. Dessen Sache ist alsdann der Abschluß des Vertrages nach § 303 mit dem Dritten. Bis zu diesem Abschluß gelten für den Liquidator und die Liquidation lediglich die Regeln der §§ 294—302 bzw. die §§ 149, 151, 153, HGB. Nach dem Abschluß des Vertrages greift für den Liquidator die modifizierende Bestimmung des § 303 Abs. 2 Platz.

Wird zuerst der Vertrag mit dem Dritten, sei es von einem schon im Amt befindlichen Liquidator oder dem Vorstande abgeschlossen, so hängt die Zulässigkeit dieser Art der Verwertung des Vermögens der AG. von dem noch zu extrahierenden Beschluß der Generalversammlung ab. Ihr zustimmender Beschluß ist die gesetzliche Bedingung der Rechtswirkung des Abkommens. Es ist unbedenklich, anzunehmen, daß diese gesetzliche Bedingung auch zu einer vertragsmäßigen gemacht, der Vertrag also unter der Bedingung abgeschlossen werden kann, daß die Generalversammlung ihm zustimmt. Aber durch eine solche Fassung des Vertrages wird an der analogen Anwendung des § 1829 BGB. nichts geändert. Der Dritte ist der Gesellschaft gegenüber gebunden, bis der Liquidator oder Vorstand ihm Mitteilung von der Genehmigung oder der Verweigerung der Genehmigung seitens der Generalversammlung gemacht hat. Bis dahin bleibt der Beschluß ein Internum der Gesellschaft und kann durch einen entgegengesetzten Beschluß einer neuen Generalversammluug stets wieder vernichtet werden. Erst die Mitteilung des Beschlusses an den Erwerber durch das Vertretungsorgan der A.G. endigt den Schwebezustand. Eine

Mitteilung durch ein anderes Organ, etwa den Aufsichtsrat oder dessen Vorsitzenden, selbst wenn derselbe hierzu Auftrag hat, genügt nicht. Vor der Mitteilung durch den Vorstand oder bevor die Verweigerung der Genehmigung gemäß § 1829 BGB. sonst feststeht, kann der Dritte seine Vertragserklärung nicht widerrufen, es sei denn, daß der Vorstand oder Liquidator wahrheitswidrig das Vorliegen eines Zustimmungsbeschlusses der Generalversammlung behauptet und der Dritte die Unwahrheit dieser Behauptung nicht gekannt hat (§ 1830 BGB.). Ist nun aber der Vertrag auf Grund des Beschlusses der Generalversammlung abgeschlossen, so tritt einerseits die Liquidation, und zwar in der durch die Sachlage bedingten besonderen Art ein, oder die bisherige Liquidation wandelt sich in diese besondere Art um, und andererseits erfolgt die beiderseitige Erfüllung des Vertrages nach dessen Inhalt, aber modifiziert durch die Bestimmungen des § 303 HGB.

Nach beiden Richtungen sollen diese Wirkungen behandelt werden.

§ 7.

Die Liquidation im Falle des § 303.

„Liquidation" ist zunächst ein rein wirtschaftlicher Begriff, der als solcher Anwendung findet bei gewissen Veränderungen aller gewerblicher Unternehmungen, gleichgültig, ob sie von einem Einzelunternehmer oder von einer Gesellschaft irgendwelcher Art betrieben werden.

Die Gesamtheit derjenigen Dinge, die ein Uuternehmer besitzt, in seiner Hand vereinigt, um sie in bestimmter, von ihm gewollter Art und Organisation zum Zwecke des Erwerbes zu benutzen, stellt das konkrete „Unternehmen" dar. Wird der Zusammenhang dieser Dinge vom Unternehmer absichtlich aufgehoben, indem die Waren, Fabriken, Maschinen usw. veräußert, die obligatorischen Beziehungen des Unternehmens gelöst, Forderungen eingezogen, Schulden bezahlt werden, so schwindet das „Unternehmen". Durch die Aufhebung dieses

Zusammenhangs verliert das Unternehmen, das Geschäft, den
Charakter selbständiger Geschlossenheit, die Fähigkeit zu
produktiver Handhabung. Es wird eben unter Vernichtung
seines Organismus in seine Bestandteile „aufgelöst". An
die Stelle des Inbegriffs „Unternehmen", „Geschäft" tritt als
wirtschaftliches Äquivalent der Nettoerlös, den der Unternehmer durch seine „abbauende" Tätigkeit erzielt[1]. Das alles
ist an sich sowohl bei dem Geschäft eines Einzelkaufmanns
als bei dem gesellschaftlich betriebenen Unternehmen möglich, und deshalb bezeichnet die Sprache des Verkehrs auch
die auf solche Zerstörung gerichtete Tätigkeit des Einzelunternehmers als „Liquidation".

Das Gesetz hat aber bei der Auflösung eines Einzel-
unternehmens keine Veranlassung zu einer Regelung der Verhältnisse, die infolge und während dieser abbauenden Tätigkeit entstehen. Die Lage der Gläubiger des Einzelunternehmers wird dadurch nicht verändert; ihnen haftet nach
wie vor der Einzelunternehmer persönlich. Den Gläubigern
stehen, soweit durch die Liquidation eines Einzelunternehmers
ihre Lage sich objektiv verschlechtert, die Hilfs- und Siche-
rungsmittel der Zivilprozeßordnung zu Gebote. Anders aber
ist es bei gesellschaftlichen Unternehmungen. Hier hebt die
Zerstörung des Unternehmens im objektiven Sinne zugleich
das persönliche Band zwischen den Gesellschaftern auf. Die
Gesellschaft geht mit ihrem wirtschaftlichen Substrat, dem geschlossenen Vermögen, unter. Der Schuldner, der bisher dem
Gläubiger gegenüber gestanden hat, verändert sich oder verschwindet ganz, und deshalb hat der Gesetzgeber hier Veranlassung, regelnd einzugreifen, zunächst zum Schutze der
Gläubiger, sodann zum Zwecke der Lösung der persönlichen
Bande unter denjenigen, die die bisherige Gesellschaft bildeten
(§§ 149 ff., 298 ff. HGB., §§ 88 ff. Genossenschaftsgesetz,
§§ 49 ff. BGB., §§ 70 ff. Gesetz betreffend G. m. b. H.,
§§ 47 ff. Gesetz betreffend Privatversicherungsunternehmungen).

Das Gesetz, das eine Definition der Liquidation nicht

---

[1] Wimpffheimer, S. 26 ff.

enthält, zählt die einzelnen Tätigkeiten auf, welche dem Zweck der Liquidation, soweit das Gesetz ihn überhaupt ordnet, dienen. Die Liquidatoren haben, wie es mit fast wörtlicher Übereinstimmung überall heißt, die laufenden Geschäfte zu beendigen, die Forderungen einzuziehen, das übrige Vermögen in Geld umzusetzen, die Gläubiger zu befriedigen; zur Beendigung schwebender Geschäfte können sie auch neue Geschäfte abschließen; demnächst ist das Reinvermögen unter die Berechtigten zu verteilen.

Bis zur Erledigung dieser Aufgaben besteht die Gesellschaft als Liquidationsgesellschaft fort, dieselbe Gesellschaft, nur mit anderen Zielen, nicht auf den satzungsgemäßen produktiven Zweck, sondern auf den Abbau gerichtet[1].

Für den Umfang des Geschäftskreises von Liquidatoren einer Aktiengesellschaft und für ihre Tätigkeit treffen im allgemeinen Bestimmung die §§ 298 Abs. 1 und 2, 300 bis 302 HGB. Der Liquidator kann danach jedes Geschäft abschließen, jede Rechtshandlung vornehmen, die auf die Beendigung laufender Geschäfte, auf die Abwicklung zielt. In diesem Rahmen ist seine Vollmacht die denkbar weiteste, ist sie auch unbeschränkbar. (Staub-Pinner, Anm. 18 zu § 149. Staub-Hachenburg Anm. 5, 6 und 8 zu § 70 G. m. b. H. Gesetz; Wiener in ZHR. Bd. 27 S. 354; Pinner bei Holdheim Bd. 10 S. 136 ff.; Wimppfheimer S. 159 ff. RG. Bd. 44 S. 80 ff.). Für die Aktiengesellschaft bestimmen die §§ 294 bis 302, indem sie auf § 149 HGB. verweisen, die prinzipielle Anwendung der entwickelten Grundsätze über den Umfang der Vollmacht des Liquidators. Im Falle des § 303 HGB. ist ferner, was den Umfang der Vollmacht des Liquidators im allgemeinen betrifft, zunächst auf die §§ 294—302 verwiesen, jedoch mit der Maßgabe, daß die Liquidatoren zu denjenigen Geschäften und Rechtshandlungen befugt sein sollen, welche die Ausführung der beschlossenen Maßregel, nämlich die von der Generalversammlung beschlossene Verwertung des Gesellschaftsvermögens durch Veräußerung im Ganzen mit sich

---

[1] Wimpffheimer, S. 95 ff.

bringt. Ist also zuerst der Beschluß der Generalversammlung auf Totalveräußerung gefaßt, und infolgedessen die Liquidation eingetragen, so muß nunmehr der Liquidator zunächst den formellen Veräußerungsvertrag abschließen. Demnach wird man eine Beschränkung des Geschäftskreises des Liquidators einer AG. gegenüber den sonst für die Vertretungsmacht von Liquidatoren geltenden Umfang anzunehmen haben. Denn im allgemeinen kann ein Liquidator das seiner Verwaltung unterstehende Vermögen unbeschränkt, auch als Ganzes veräußern, wenn er diesen Weg zur Erreichung des Zieles der Liquidation für den vorteilhafteren hält, und ist nicht auf den Einzelverkauf beschränkt. Der Liquidator einer AG. aber kann nach § 303 eine solche Totalveräußerung nur auf Grund eines Beschlusses der Generalversammlung wirksam vornehmen. Man wird die Befugnisse des Liquidators im Falle des § 303 nicht weiter gestalten können als die des Vorstandes im gleichen Falle. Schon aus dem Wortlaut des § 298 Abs. 2 ergibt sich dies offenbar. Auch wenn also eine AG. oder AKG. aus anderen Gründen als aus denen des § 303 sich bereits in Liquidation befindet, kann der Liquidator nicht, wie der Liquidator anderer Gesellschaften, ohne einen Beschluß der Generalversammlung das Gesellschaftsvermögen im Ganzen wirksam veräußern.

Liegt aber ein solcher Beschluß der Generalversammlung vor, so ist freilich mit dem Vertragsabschluß, sei er vorher oder nachher getätigt, das erste und wesentlichste Geschäft des Liquidators, die Versilberung des Vermögens schon beendigt. Die Gegenleistung des Vermögenserwerbers ist das Resultat der Liquidation, mit dem nunmehr nach Vorschrift der Gesetze zu verfahren ist. Es ist nach § 300 zu verteilen, wenn nicht schon im Veräußerungsvertrage die Zuteilung an die Aktionäre direkt vereinbart ist.

Der Liquidator muß aber den Veräußerungsvertrag so abschließen, wenn er ihn überhaupt abzuschließen hat und er nicht schon vom Vorstande abgeschlossen war, daß ihm nach seinem Inhalt die Beobachtung der Schutzvorschriften für die Gläubiger möglich ist. Diese Schutzvorschriften, wie sie die

§§ 297, 301 für die regelmäßige Liquidation der AG. auf-
stellen — Publikationen, Abwarten des Sperrjahres, Befriedigung oder Sicherstellung der Gläubiger — sind hier
dahin modifiziert, daß vor Ablauf des Sperrjahres auch die
Erfüllung des Vertrages vom Liquidator durch Ausantwortung des Vermögens der AG. an den Erwerber nicht erfolgen darf.

Eigentümlich gestalten sich die Befugnisse des Liquidators aus § 303 aber auch schon während des Sperrjahres,
wenn, wie das gewöhnlich der Fall sein wird, ein Geschäft
veräußert wird, das sich im Betriebe befindet. Die Übergabe desselben darf, wie gesagt, erst nach Ablauf des Sperrjahres erfolgen. Es soll aber bis dahin im Betriebe erhalten
werden, denn der Erwerber will und soll ja gerade ein im
Betriebe befindliches, lebendiges, nicht ein still gelegtes Geschäft erwerben. Um das Geschäft im Betriebe zu erhalten,
ist aber der beständige Abschluß neuer Verträge notwendig,
eine Tätigkeit, die sich in nichts von der bisherigen produktiven Tätigkeit des Vorstandes unterscheidet. Man wird
dem Liquidator die Befugnis zu einer solchen Fortsetzung des
Betriebes bis zum Ablauf des Sperrjahres einräumen müssen.
Zielt derselbe doch gerade auf vertragsmäßige Erfüllung und
Durchführung der von der Generalversammlung beschlossenen
Maßregel ab. Die Geschäfte, die der Liquidator aus § 303
im Sperrjahre abschließt, werden im Namen der AG. von ihm
abgeschlossen, aber für Rechnung des Erwerbers. Sie müssen
sich deshalb notwendig im Rahmen des bisherigen Betriebes
halten und dürfen in quali und quanto nichts Ungewöhnliches
betreffen. Man wird weiter gehen und dem Erwerber Einfluß auf die Rechtsgeschäfte im Laufe des Sperrjahres einräumen müssen, da der Betrieb in dieser Zeit schon auf seine
Rechnung erfolgt. Der Liquidator muß deshalb im allgemeinen
den geschäftlichen Anweisungen des Erwerbers Folge leisten.
Er hat aber darauf zu achten, daß die AG., in deren Namen
er handelt, nicht Schaden leidet und kann sich deshalb ver-
tragswidrigen Anweisungen des Erwerbers versagen, d. h.
solchen, die geeignet sind, die Gläubiger oder Aktionäre zu

schädigen oder zu gefährden. Bei widersprechenden In-
struktionen der AG. und des Erwerbers wird er deshalb den
ersteren zu folgen haben [1].

Die Denkschrift zum HGB. S. 168 hält es für möglich, daß
der Liquidator die Verwaltung der Gesellschaft dem Erwerber
überläßt, der alsdann für eigene Rechnung, aber auch im
eigenen Namen den Betrieb führt. Der Liquidator habe dann
nur darüber zu wachen, daß die Vermögensstücke der Gesellschaft von dem Vermögen des Erwerbers getrennt bleiben.
Staub-Pinner, Anm. 1 zu § 303 stimmt dem zu und
schlägt als Lösung vor, daß die beiden Kontrahenten zu Liquidatoren Personen bestellen, die das Vertrauen beider haben.

Nach dem Wortlaut des § 303, der die Ausantwortung
des Vermögens an den Erwerber verbietet, ist jedoch eine
solche Übertragung der Verwaltung an ihn im Sperrjahre nicht
zulässig. Zur Führung der Verwaltung ist unbedingt der Besitz und die Verfügung über die Vermögensstücke der AG.
nötig, also eine Übertragung, Ausantwortung derselben erforderlich. Letzteres aber ist ausdrücklich verboten.

Kommt aus irgendeinem Grunde das Geschäft gemäß § 303
nicht zustande, nachdem der Beschluß der Generalversammlung gefaßt ist, so verbleibt es zwar, wie gesagt, bei der
Auflösung und der Liquidation. Aber nunmehr greifen nicht
mehr die besonderen Liquidationsvorschriften für den Fall des
§ 303, sondern die allgemeinen Vorschriften für die Liquidation Platz. Aufgaben und Geschäftskreis des Liquidators
wechseln demgemäß, ohne daß es neuer Bestallung bedarf.

§ 8.
Erfüllung des Vertrages.

Die Übertragung des Aktivvermögens der Gesellschaft
an den Erwerber erfolgt im einzelnen und durch besondere
Übertragungsakte. Die Grundstücke müssen aufgelassen,
Forderungen übertragen und, soweit sie ins Grundbuch ein-

---

[1] Wiener a. a. O. S. 359.

getragen sind, umgeschrieben, Mobilien und Inhaberpapiere übergeben, Wechsel und andere indossable Papiere indossiert werden.

Die Passiva gehen andererseits in Gemäßheit des § 419 BGB. auf den Erwerber ohne weiteres über [1]. Er haftet also für die Schulden der Gesellschaft, soweit er Aktiva erhalten hat, schon mit dem Abschluß des Vertrages neben der Aktiengesellschaft und als Gesamtschuldner mit ihr, ohne daß er diese Haftung ausschließen kann. Da ihm freilich vor Ablauf des Sperrjahres Aktiva noch nicht zu übertragen sind, so haftet er zunächst nur mit seinem Anspruch aus dem Vertrage, den er aber wiederum erst nach Ablauf des Sperrjahres geltend machen kann.

Ist dem Erwerber die Firma der Gesellschaft mit übertragen, so greift der § 25 HGB. Platz. Der Erwerber haftet für die Schulden ohne Beschränkung. Dieselbe Wirkung tritt ein, wenn die Übernahme der Schulden in handelsüblicher Weise bekannt gemacht ist (§ 25 Abs. 3). Die Ausantwortung des Vermögens der AG. an den Erwerber hat nicht vor Ablauf des Sperrjahres zu geschehen, eine Maßregel zum Schutze der Gläubiger. Vorher dürfen also einzelne Übertragungsakte nicht stattfinden. Soll auch die Firma der Gesellschaft übertragen werden, so darf vor Ablauf des Sperrjahres die Veränderung ins Handelsregister nicht eingetragen werden, da sonst nach § 25 die Forderungen der Gesellschaft auf den Erwerber als übergegangen gelten, er sie also einziehen und dadurch die Gläubiger schädigen kann. Eine öffentliche Bekanntmachung der Schuldenübernahme, welche einen Übergang der Aktiva nicht, sondern nur einen Übergang der Passiva vermittelt, wäre auch schon vorher zulässig [2]. Der Vertrag muß so geschlossen werden, daß die AG. sich erst nach Ablauf des Sperrjahres zur Übertragung der Aktiva und zur Bewirkung der nötigen Registereintragungen verpflichtet. Hat der Liquidator vor Ablauf des Sperrjahres oder ohne

---

[1] Staub, Anm. 16 zu § 303 RG. 69, 284 und 71, 337.
[2] Staub, Anm. 13 zu § 303.

Beobachtung der Gläubigerschutzvorschriften das Vermögen
der AG. oder Teile desselben dem Erwerber ausgeantwortet,
oder hat er darein gewilligt, daß der Erwerber das Geschäft
der AG. unter der bisherigen Firma fortführt, so haftet der
Erwerber im Falle des § 25 HGB. ohne Beschränkung, im
Falle des § 419 BGB. unter Beschränkung auf den übernommenen Vermögensbestand für die Schulden der Gesellschaft deren Gläubigern neben der Gesellschaft, wobei sich
freilich die Haftung der Gesellschaft auf die erhaltene Gegenleistung beschränkt, da diese ja nunmehr ihr einziges Vermögen bildet. Ist die Gegenleistung gesetzwidrig, d. h. vor
Befriedigung oder Sicherstellung der Gläubiger unter die
Aktionäre verteilt und damit die Haftung der Gesellschaft
illusorisch geworden, so haften den Gläubigern Vorstand oder
Liquidator gemäß § 241 HGB. für den Schaden, den sie erleiden, die Mitglieder des Aufsichtsrats gemäß § 249, wenn
die Handlungen des Vorstandes (Liquidators) mit ihrem Wissen
und ohne ihr Einschreiten vorgenommen sind, und zwar alle
Mitglieder des Vorstandes und Aufsichtsrats als Gesamtschuldner, soweit die Voraussetzungen der Haftung bei den
einzelnen vorliegen. Die Gläubiger können die rechtswidrige
Ausantwortung des Gesellschaftsvermögens an den Erwerber
und die rechtswidrige Verteilung der Gegenleistung an die
Aktionäre durch Arrest und einstweilige Verfügungen nach
den Vorschriften der ZPO. hindern. Ist die Verteilung der
Gegenleistung noch nicht erfolgt, aber durch die rechtswidrige
Ausantwortung des Vermögens an den Erwerber den Gläubigern ein Schaden entstanden, so haftet nur der Vorstand
(Liquidator), der ja hierbei allein gehandelt hat, ihnen für
den Schaden. Ist die Gegenleistung noch da, so ist freilich ein
vertretbarer Schaden nicht vorhanden, da insoweit der Vorstand
durch den Beschluß der Generalversammlung gedeckt ist. Die
Vorschrift des Gesetzes, daß der Liquidator das Vermögen
nur unter Beobachtung der Gläubigerschutzvorschriften ausantworten „darf", enthält zugleich ein Veräußerungsverbot,
welches nach § 135 BGB. die erfolgte Ausantwortung dem
nichtbefriedigten Gläubiger gegenüber unwirksam macht.

Die Aktionäre selber haften Gläubigern nach Maßgabe des
§ 217 HGB. Sie müssen also die Gläubiger befriedigen,
soweit sie Zahlungen widerrechtlich, d. h. unter Verletzung
der Gläubigerschutzvorschriften erhalten haben [1].

§ 9.

Verstaatlichung. (§ 304).

Im § 304 ist ein Unterfall des § 303 behandelt: Die
Verwertung des Vermögens der Gesellschaft durch Veräußerung desselben im Ganzen an das Reich, einen Bundesstaat
oder einen inländischen Kommunalverband unter Ausschluß
der Liquidation.

Unter „Kommunalverbänden" sind die Ortsgemeinden,
die Amtsverbände, Kreise und Provinzen sowie Zweckverbände
zu verstehen, die mehrere Kommunalverbände zur Durchführung gemeinsamer kommunaler Aufgaben umfassen (Staub,
Einl. zu § 36 HGB).

Die Voraussetzung der Anwendung des § 304 ist, daß
der Beschluß der Generalversammlung, der auch hier notwendig ist, nicht bloß auf die Veräußerung im Ganzen,
sondern auch auf den Ausschluß der Liquidation geht. In
beiden Beziehungen muß er mit der Majorität von Dreiviertel
des bei der Beschlußfassung vertretenen Grundkapitals gefaßt,
und es müssen etwaige, die Beschlußfassung weiter er-
schwerende Vorschriften der Statuten — mildernde sind überhaupt unzulässig — in beiden Beziehungen außerdem be-
folgt sein.

Der Beschluß der Generalversammlung ist vom Gesetzgeber zunächst als ein einheitlicher gedacht, gerichtet auf
Totalveräußerung unter Ausschluß der Liquidation [2]. Dann
wird der Liquidationsausschluß als wesentlicher Bestandteil
des abzuschließenden Vertrages anzusehen sein, so daß ein
Vertrag, der diese Modifikation nicht enthält, durch den Be-

---

[1] Staub, Anm. 7 und 8 zu § 217.
[2] Ziegler bei Holdheim S. 66, 114. Denkschrift S. 168.

schluß der Generalversammlung nicht gedeckt, also unzulässig ist.

Daß dieser Beschluß, wie ein Beschluß nach § 303, auch
im Stadium der Liquidation der Gesellschaft erfolgen kann,
ist anerkannten Rechtens. Es wird dann die weitere
Liquidation ausgeschlossen [1].

Aber es ist auch denkbar, weil durch das Gesetz nicht
ausgeschlossen, daß zunächst die Totalveräußerung erfolgt
und durch eine Generalversammlung genehmigt wird, womit
dann die Liquidation eintritt, und daß erst später zwischen
dem Liquidator und dem Fiskus der Ausschluß der weiteren
Liquidation vereinbart wird, und zwar unter erneuter Genehmigung der Generalversammlung mit einer dreiviertel
Majorität. Diese zweite Vereinbarung bedarf der gerichtlichen
oder notariellen Form nicht; jedoch ist aus Absatz 3 § 304
zu entnehmen, daß sie schriftlich erfolgen muß. Werden
beide Vereinbarungen in einem Vertrage getroffen, so hängt
die Wirksamkeit des gesamten Vertrages, also auch die
Wirksamkeit der Totalveräußerung von der Eintragung des
Beschlusses der Generalversammlung in das Handelsregister
ab. Mit dem Zeitpunkt der Eintragung in das Handelsregister
tritt nach § 304 der Übergang des Vermögens auf den Fiskus
ein, geht die Gesellschaft unter und erlischt die Firma. Der
Vorstand, d. h. so viel Mitglieder desselben, als zur Vertretung der Gesellschaft notwendig sind, haben die Auflösung
und den Generalversammlungsbeschluß, sowie die ersten Liquidatoren anzumelden. Ins Handelsregister einzutragen ist, daß
die Auflösung erfolgt ist infolge der Veräußerung des gesamten Vermögens der Gesellschaft an den Fiskus, und zwar
unter Ausschluß der Liquidation, und daß die Firma der Gesellschaft erloschen ist.

Wird zunächst nur der Beschluß auf Totalveräußerung
gefaßt, und erfolgt diese, so tritt nach § 303 die Auflösung
der Gesellschaft als gesetzliche Folge und weiter die Liquidation sofort ein. Der Beschluß der Generalversammlung ist

---

[1] Staub, Anm. 3 zu § 304.

gemäß § 259 Abs. 5 GGB. in öffentlich beglaubigter Form zum Handelsregister einzureichen; aber er wird nicht zwecks Eintragung „angemeldet".

Wird nun in der Folge mit Genehmigung der General· versammlung der Liquidationsausschlußvertrag vereinbart, so bedarf es jetzt der Anmeldung nicht bloß des Beschlusses der Generalversammlung, der den Liquidationsausschlußvertrag genehmigt, sondern auch der Anmeldung des Beschlusses, der die Totalveräußerung an den Fiskus genehmigt und weiter der Anmeldung der Auflösung der Gesellschaft durch den Vor· stand (Liquidator) zum Register der Haupt· und der Zweig· niederlassung. Einzutragen ins Handelsregister ist jetzt die Auflösung der Gesellschaft, wenn diese Eintragung nicht schon früher erfolgt war, der Grund der Eintragung, nämlich die Totalveräußerung an den Fiskus und der Ausschluß der Liqui· dation, sowie das Erlöschen der Firma. Der Anmeldung ist der Vertrag mit dem Fiskus oder sind beide Verträge mit dem Fiskus in Urschrift oder in öffentlich beglaubigter Ab· schrift beizufügen.

Der Registerrichter hat alle Voraussetzungen der Ein· tragungen, also das Vorliegen des Beschlusses oder der Be· schlüsse nach Form und Inhalt, das Vorliegen des Vertrages nach Form und Inhalt und das Vorliegen der Anmeldung und ihrer Anlagen zu prüfen [1].

Für den Beschluß der Generalversammlung gemäß § 304, sowohl soweit er die Totalveräußerung, als soweit er den Liquidationsausschluß betrifft, gelten mit Bezug auf die Be· stimmtheit und Begrenzung seines Inhaltes sowie mit Bezug auf die Stimmberechtigung dieselben Grundsätze wie im Falle des § 303.

Befand sich die Gesellschaft bereits im Zustande der Liquidation und konnte deshalb nur die weitere Liquidation ausgeschlossen werden, so entfallen für die F o l g e die Schutz· vorschriften zugunsten der Gläubiger. Diese brauchen nicht mehr befriedigt oder sichergestellt, das Sperrjahr braucht nicht

---

[1] R.J.A. 10, 271.

abgewartet zu werden. Der Erlös der bisherigen Liquidation, der sich, da er infolge des § 300 nicht verteilt werden konnte, noch im Eigentum der Gesellschaft befindet, geht mit ihrem übrigen Vermögen auf den erwerbenden Fiskus über.

Mit der Eintragung der Vereinbarung über den Ausschluß der Liquidation ins Handelsregister treten folgende Wirkungen ein:

1. Der Vertrag betreffend den Ausschluß der Liquidation wird nunmehr erst wirksam.

2. Der Veräußerungsvertrag wird gleichfalls jetzt erst wirksam, wenn er in Verbindung mit dem zu 1 genannten Vertrag geschlossen ist.

3. Die Gesellschaft geht unter; ihre Firma erlischt.

4. Ihr gesamtes Vermögen, Aktiva und Passiva, geht auf den erwerbenden Fiskus über, und zwar durch Gesamtrechtsnachfolge.

Was die Aktiva betrifft, so erfolgt ihr Übergang, ohne daß es, wie im Falle des § 303, einzelner Übertragungsakte bedarf, also ohne Auflassung, Übergabe, Zession usw. Die notwendigen Änderungen in Grundbüchern erfolgen durch Grundbuchberichtigungen auf Antrag des übernehmenden Fiskus, da ja die übertragende Gesellschaft untergegangen ist [1]. Mit den Forderungen gehen die mit ihnen verbundenen Pfandrechte und Bürgschaften von selbst über. Auch solche Forderungen gehen über, deren Abtretung sonst durch Gesetz oder Vertrag verboten ist (§§ 399, 400 BGB). Es greifen die §§ 398—410 BGB., die sich auf „Abtretungen" beziehen, nicht Platz. Auch der Besitz geht in analoger Anwendung des § 857 BGB. ohne weiteres über.

Schwebende Prozesse werden durch den Untergang der Gesellschaften unterbrochen; § 239 ZPO. kommt zur Anwendung [2]. Ebenso ist, was die Rechtskraft für und wider den erwerbenden Fiskus betrifft, § 325 ZPO. maßgebend.

---

[1] KG. 11, 129. 38 A. 235. 35 A. 289. 28 A. 148. RG. 56, 332, 67, 200.

[2] Abweichend Lehmann in ZHR.. Bd. 50 S. 43.

Vollstreckbare Ausfertigungen des Urteils, das zur Zeit des
Bestehens der Gesellschaft ergangen ist, können nach § 727
ZPO. für und gegen den Fiskus verlangt werden[1].

Was die S c h u l d e n betrifft, so gehen sie gleichfalls ohne
weiteres auf den erwerbenden Fiskus über, ohne besondere
Schuldübernahme und ohne daß die §§ 414—418 BGB. in
Anwendung kämen. Der Fiskus wird den Gläubigern unmittelbar verhaftet, und zwar ohne Beschränkung auf das
übernommene Vermögen gemäß § 419 BGB.[2] Von einer
solchen Beschränkung ist in § 304 Abs. 5 nicht die Rede
und sie würde mit dem Grundgedanken der Regelung in
§ 304 — Fortsetzung der untergegangenen Rechtspersönlichkeit der Gesellschaft durch den erwerbenden Fiskus — in
Widerspruch stehen[3].

5. Das Entgelt für die Überlassung des Vermögens an
den Fiskus kann nur zugunsten der Aktionäre der übertragenen
Gesellschaft direkt vereinbart werden und ist vom Fiskus an
sie direkt zu entrichten, da die Gesellschaft ja untergegangen
ist. Die Aktionäre werden bezüglich dieses Entgeltes Gläubiger
des Fiskus, gleichgültig, ob dem letzteren die Forderungen
bekannt waren oder nicht[4].

6. Die Firma der Gesellschaft erlischt, wenn sie nicht
übernommen wird, was zulässig ist, wenn die Vorschriften
des für den Erwerber geltenden öffentlichen Rechts es gestatten. Das Erlöschen der Firma ist anzumelden und einzutragen. Löschung von Amts wegen tritt dann ein, wenn ein
Anmeldungspflichtiger nicht vorhanden ist[5].

7. Eine andere Frage ist, ob und inwieweit der Inhalt
einer Obligation sich durch die Rechtsvorgänge im Falle des

---

[1] RG. 56, 332. S t a u b, Anm. 13 zu § 306. G a u p p - S t e i n
ZPO. § 239 I Abs. 2.

[2] RG. 28, 362.

[3] S t a u b, Anm. 8 zu § 304. W i e n e r in ZHR. Bd. 27, S. 379, 380.

[4] RG. 71, 377.

[5] B r a n d t, Anm. 4 zu 304. Andere Ansicht M a k o w e r 833.
L e h m a n n - R i n g 605 meint, daß die Löschung stets von Amts wegen
erfolgen müsse.

§ 304 ändert. Die Frage läßt sich nur mit Beziehung auf den konkreten Fall beantworten.

An sich werden durch den Rechtsübergang bei der Total-veräußerung Forderungen nicht fällig. Im konkreten Falle kann dies wohl die Folge des Rechtsüberganges sein, näm-lich dann, wenn durch den Wechsel des Schuldners auto-matisch der Inhalt der Obligation sich ändert, wenn die Person des Schuldners nach der ausdrücklichen Bestimmung des Vertrages oder nach dem aus dem Vertrage zu ent-nehmenden Willen der Kontrahenten wesentlich für den Ver-tragsabschluß gewesen ist (Reichsgericht 9, 14; 58, 60). Be-sonders bei Versicherungsgesellschaften ist der Gesichtspunkt der Verschlechterung der Lage des Versicherten (§ 221 BGB.) in Betracht zu ziehen. Die selbständige Prüfung dieses Ge-sichtspunktes durch den Richter wird nicht durch die von § 14 und 7 des Gesetzes vom 12. Mai 1901 vorgeschriebene behördliche Prüfung der Sicherheit der Versicherten bei solchem Rechtsübergange ersetzt[1]. Bürgschaften für alle Verbindlichkeiten eines Hauptschuldners werden die Schulden, welche erst gegenüber dem Erwerber neu entstehen, nicht sichern. Ob der Erwerber an eine Konkurrenzklausel oder Syndikatsverpflichtung der untergegangenen Gesellschaft ge-bunden wird, läßt sich allgemein weder bejahen noch ver-neinen. Aus dem Inhalt der Verpflichtung der Gesellschaft, wie er sich aus dem gesamten Vertrage zwischen Gläubiger und Gesellschaft ergibt, wird zu entscheiden sein, ob bei dem Wechsel der das Verhältnis tragenden Rechtspersönlichkeit eine Aufrechterhaltung solcher Verpflichtungen gewollt ist.

Für den Aufsichtsrat der untergegangenen Gesellschaft wird man die Lösung des Vertragsverhältnisses ohne Ent-schädigungspflicht anzunehmen haben. Zweifelhaft ist dieselbe Frage für den Vorstand. Wenn nicht aus dem Vertrags-verhältnis Gegenteiliges folgt, wird man dem Vorstande einen Entschädigungsanspruch zubilligen müssen[2].

---

[1] Ziegler bei Holdheim, S. 142.

[2] Staub, Anm. 8 zu § 243. RG. 81, 153. Staub, Anm. 14 zu § 306.

In allen Fällen, in denen nach dem Gesetz das Rechts-
verhältnis an die Person geknüpft ist (z. B. in den §§ 613,
664 BGB.) erlischt es infolge eines Vertrages aus § 304.

§ 10.

Die Stellung der §§ 305, 306 im allgemeinen.

Die §§ 305, 306 behandeln einen anderen Unterfall des
§ 303, nämlich die Übertragung des Vermögens einer AG.
oder AKG. im Ganzen an e i n e a n d e r e AG. oder AKG[1]
gegen Gewährung von Aktien der letzteren, der
§ 305 den Fall, daß auf seiten der übertragenden Gesellschaft
eine Liquidation eintritt, wie in § 303, der § 306 den Fall,
daß auf ihrer Seite die Liquidation ausgeschlossen wird, wie
in § 304. Der § 306 stellt also einen besonderen Unterfall
des § 305 dar.

In den Fällen der §§ 305, 306 erfolgt gleichfalls der Abschluß des Vertrages zwischen den Gesellschaften durch ihre
gesetzlichen Vertreter. Dieser Vertrag ist das Rechtsgeschäft,
auf Grund dessen die Vermögensübertragung erfolgt, nicht die
sonst noch nötigen Beschlüsse der beiden Generalversammlungen. Auch hier vertreten die Generalversammlungen die
Gesellschaften nicht[2]. Wie im Falle des § 303 kann der Abschluß des Vertrages auch noch erfolgen, wenn aus anderem
Grunde die übertragende Gesellschaft bereits in Liquidation
getreten war.

Die Gegenleistung der übernehmenden Gesellschaft besteht lediglich in Gewährung ihrer Aktien an die übertragende
Gesellschaft oder an deren Aktionäre direkt, wie im § 303.
Im Falle des § 306, d. h. wenn im Falle des § 305 der Ausschluß der Liquidation vereinbart ist, kann die Gegenleistung

---

[1] Die übernehmende Gesellschaft muß im Handelsregister eingetragen sein, also rechtlich existieren. Z i e g l e r bei Holdheim S. 58.
Die abweichende Ansicht Staubs in Anm. 3 zu § 307, als sei hier eine
analoge Anwendung der §§ 305, 306 möglich, erscheint nicht zutreffend.
[2] Reichsgericht in der Jur. W. 1906 S. 46[60], 1909 S. 509[44].

nur an die Aktionäre direkt vereinbart werden, weil die übertragende Gesellschaft zur Zeit dieser Gegenleistung untergegangen ist.

Werden die Aktien der übernehmenden Gesellschaft an
die übertragende Gesellschaft gewährt, so ist eine Bestimmung des Umtauschverhältnisses zwischen den alten und
neuen Aktien nicht erforderlich und auch durch den hier in
Betracht kommenden § 279 HGB. nicht vorgeschrieben. Es
ist vielmehr die Aufgabe des Liquidators, der übertragenden
Gesellschaft, die Gegenleistung unter die Aktionäre nach Maßgabe des § 300 unter Wahrung der Gläubigerschutzvorschriften
zu verteilen. Was die Frage der Naturalteilung oder der
Versilberung und Erlösteilung betrifft, so gilt das oben für
§ 303 Gesagte.

Im Falle des § 305 wird aus der Bestimmung des
Absatz 3 über die Anwendung des § 290 anzunehmen sein,
daß grundsätzlich Naturalteilung vorzunehmen ist.

Gewährt die übernehmende Gesellschaft ihre Aktien direkt
an die Aktionäre der übertragenden, so muß der Vertrag notwendig das Wertverhältnis zwischen den beiden umzutauschenden Aktiensorten angeben. Die Leistung an den einzelnen
Aktionär der übertragenden Gesellschaft ist dann Vertragsleistung der übernehmenden, und diese Vertragsleistung würde
der erforderlichen Bestimmtheit entbehren, wenn das Umtausch verhältnis nicht festgesetzt wäre [1].

In den Fällen der §§ 305, 306 gliedert sich ein Aktien-
unternehmen ein anderes rechtlich gleichartiges an, nimmt es
in sich auf, vergrößert den eigenen Betrieb und entsprechend
regelmäßig das eigene Kapital, während das aufgesogene
Unternehmen verschwindet, mit dem in ihm produktiv und
selbständig arbeitenden Kapital die Rechtspersönlichkeit der
übertragenden Gesellschaft, die Aktionärrechte ihrer Mitglieder untergehen und an ihre Stelle die vertragsmäßigen
Rechte der Aktionäre als Mitglieder der übernehmenden Gesellschaft treten.

---

[1] KG. 41, A. 268.

Im Falle des § 305 vollzieht sich dieser Aufsaugungs-
prozeß unter der Beobachtung derselben Schutzvorschriften
zugunsten der Gläubiger, wie in § 303, also nicht sofort,
sondern nach Ablauf des Sperrjahres und durch besondere
einzelne Rechtsakte, mittels welcher die einzelnen Bestandteile des veräußerten Vermögens auf die erwerbende Gesellschaft übergehen. Im Falle des § 306 vollzieht sich der
Prozeß plötzlich, ohne Liquidation, wie im Falle des § 304;
nur treten die Wirkungen der Transaktion infolge gewisser
Vorschriften des Aktienrechts nicht mit der Eintragung des
Beschlusses der übertragenden Gesellschaft ins Handelsregister,
sondern in einem späteren Momente ein. Die Schutzvorschriften werden, anders als nach § 304, in einer etwas
gemilderten Form aufrecht erhalten. Wie im Falle der
§§ 303, 304 ist es auch hier zulässig, daß zuerst die Vereinbarung auf Übertragung des Vermögens im Ganzen gegen
Aktiengewährung und erst später und besonders die Vereinbarung über den Liquidationsausschluß getroffen wird.

§ 11.

Leistung und Gegenleistung im Falle der §§ 305 und 306.

Die übertragende Gesellschaft gewährt der übernehmenden
ihr Gesamtvermögen, letztere der ersteren Beteiligungen an
ihrem Vermögen. Bei der Übertragung des Vermögens der
ersteren werden die Aktienbeteiligungen an diesem vernichtet; an ihre Stelle treten nun neue Aktienbeteiligungen
an der übernehmenden Gesellschaft. Für die Aktionäre der
übertragenden Gesellschaft vollzieht sich das Geschäft also
in einem Austausch von Aktienberechtigungen. Zum Zwecke
dieses Austausches muß das Wertverhältnis der auszutauschen-
den Aktienberechtigungen festgestellt werden. Der Kurswert
beider Aktienarten wird miteinander verglichen und danach
das Austauschverhältnis entsprechend vereinbart werden.
Wenn es einen Kurswert nicht gibt, wird der Wert der be-

treffenden Aktienart durch Schätzung des Vermögens der
Aktiengesellschaft und Division der Aktienzahl in diesen Vermögenswert ermittelt werden müssen.

I. Es entsteht hier zunächst die Frage, ob neben den
von der übernehmenden Gesellschaft zu gewährenden Aktien
auch eine Zuzahlung von barem Gelde oder die Gewährung
anderer Werte neben den Aktien zulässig ist, ob auch dann,
wenn nicht nur Aktien gegeben werden, die Erleichterungen,
die in §§ 305, 306 für die Durchführung der Transaktion angeordnet sind, zur Anwendung kommen, ob also insbesondere
der Liquidationsausschluß vereinbart werden kann oder ob
dann lediglich ein Fall des § 303 vorliegt. Die Erörterung
der Frage ist praktisch deshalb besonders wichtig, weil die
Unterschiede im Kurse beider Aktienarten eine solche anderweite Ausgleichung häufig nötig oder erwünscht erscheinen
lassen.

Die Praxis der Registerrichter hat früher überwiegend
die Gewährung von Geld seitens der übernehmenden Gesellschaft neben der Gewährung ihrer Aktien dann zugelassen,
wenn die Geldbeträge lediglich zum Zwecke des Wert-
ausgleiches beim Aktienumtausch geleistet werden. Sie
scheint, wie Ziegler bei Holdheim Bd. 18 S. 61 Anm. 23
wohl mit Recht vermutet, der gleichen Meinung Staubs in
der 6/7. Auflage seines Kommentars in Anm. 2 zu § 305 ge-
folgt zu sein. Auch Abraham bei Holdheim Bd. 15 S. 293,
294 teilt diese Meinung und Hachenburg in der Leipziger
Zeitschrift 1911 S. 646. Allein die Theorie sonst fast durch-
weg und die neuere Praxis hält diese Auffassung für unrichtig uud fordert streng, daß nur Aktien gewährt werden
dürfen, um die Anwendung des § 305 zu begründen [1].

Nur dann hält der größte Teil der Theorie und Praxis
übereinstimmend eine bare Zuzahlung auf der Seite der übernehmenden Gesellschaft für zulässig, wenn den Aktionären

---

[1] Lehmann-Ring Nr. 4; Goldmann Anm. 2; Lehmann II
534 Anm. 3; Makower § 3 1905 I f. l., jetzt auch Staub Anm. 3 zu
§ 305; Pinner § 305 II, I c. Bayrisch OLG. in OLGR. 22, 32 KG. 41
A. 208.

der übertragenden Gesellschaft die Wahl gelassen wird, ob sie Aktien oder andere Vergütung nehmen wollen und alle Aktionäre Aktien wählen [1].

Aus praktischen Gründen wäre es wohl wünschenswert, daß eine Ausgleichung in Gelde zum Zwecke der Erleichterung des Aktienumtausches zulässig wäre. Denn es lassen sich sonst in manchen Fällen die Wertdifferenzen zwischen den umzutauschenden Aktienarten nur durch eine Zusammenfassung einer großen Anzahl von Aktien auf beiden Tauschseiten beheben, was zu einer starken Beeinträchtigung des einzelnen Aktionärs führen kann, der genötigt ist, entweder zuzukaufen, um die erforderliche Aktienzahl zusammenzubringen oder zu verkaufen. Oder es ist ein umständliches Erhöhungs- oder Herabsetzungsverfahren auf der einen oder anderen Seite notwendig.

Allein nach dem Wortlaut und Zusammenhang der Bestimmungen in §§ 305 und 306 ist die strengere Auffassung die richtige.

In § 305 Abs. 1 fehlt zwar das Wörtchen „nur" in der Verbindung „nur gegen Aktien". Allein daraus läßt sich nicht der Schluß ziehen, daß andere Leistungen, insbesondere Geld neben den Aktien gewährt werden dürfen, daß es genügen könne, wenn auch nur zwei Aktien gegeben würden, im übrigen aber Geld bezahlt wird. Bei dieser Auffassung des Wortlauts würde irgendein Zweck, irgendeine Bedeutung der Vorschrift des § 305 überhaupt nicht erkennbar sein, ja sie würde im Widerspruch mit dem sonst erkennbaren Zweck jener Vorschrift stehen (Denkschrift § 180).

Nur wenn eine bare Zuzahlung zum Zwecke des Dividendenausgleichs beim Umtausch von Aktien mit verschiedener Dividende gewährt wird, erscheint eine solche zulässig, soweit sie Entgelt für die Nutzungen in der Zeit bis zur Vereinigung der beiden Unternehmungen ist. Eine solche Zuzahlung ist eben nicht Entschädigung für das untergegangene

---

[1] RG. 9, 19; Staub Anm. 3 zu § 305; Ziegler bei Holdheim S. 63.

Aktienrecht, sondern Ersatz der Gewinnquote. (Ziegler bei Holdheim S. 61 Note 22.)

II. Anders liegt die Frage der baren Zuzahlung auf seiten der Aktionäre der übertragenden Gesellschaft. Hier wird durch die bare Einzahlung eine Vermehrung des Vermögens bewirkt, das gegen die neuen Aktien übertragen werden soll. Ein Bedenken hiergegen läßt sich aus § 284 Abs. 3 in Verbindung mit § 195 Abs. 3 nicht entnehmen. Denn gerade § 284 Abs. 3 ist ja für den Fall der §§ 305, 306 außer Anwendung gesetzt. Auch aus § 211 HGB. lassen sich Bedenken hiergegen nicht herleiten. Nach § 211 ist zwar die Verpflichtung des Aktionärs zur Leistung von Kapitaleinlagen auf den Nennbetrag oder den (höheren) Ausgabepreis der Aktien beschränkt. Aber diese Bestimmung bezieht sich nur auf die Leistung des Aktionärs zwecks Beschaffung des ursprünglichen oder erhöhten Grundkapitals, auf Leistungen zur Errichtung oder Erhaltung der eigenen Gesellschaft an diese; er kann aber unmöglich auf Leistungen bezogen werden, welche lediglich zum Zwecke der Erwerbung anderer Aktien an eine andere Gesellschaft gemacht werden. Es soll nicht verkannt werden, daß auf die Aktionäre der untergehenden Gesellschaft hierbei ein gewisser Zwang ausgeübt werden kann, weil ja eine Dreiviertelmehrheit die Maßregel bindend beschließen kann, daß also die Minorität genötigt werden kann, wider ihren Willen Aufwendungen zu machen, an die bei Erwerb der Aktien nicht gedacht ist, will sie nicht in Verlust geraten. Aber solche Zwangslagen sind im Gesellschaftsrecht unvermeidlich und kommen im Aktienrecht nicht selten vor (Vgl. § 290).

In neuerer Zeit hat man zur Beseitigung der Bedenken gegen eine bare Zuzahlung im Falle zu I zu folgendem Ausweg gegriffen.

Es werden aus dem Vermögen der übertragenden Gesellschaft vor Beginn der Transaktion Bestandteile ausgeschieden, die an einen Dritten gegen eine nicht in Aktien der übernehmenden Gesellschaft, also in barem Gelde oder in sonstigen Werten (z. B. Obligationen der Übernehmerin) bestehende Entschädigung übergeben werden. Diese Entschädigung wird nicht für die übertragende Gesellschaft stipuliert, sondern für deren Aktionäre direkt. Das Gesamtvermögen der übertragenden Gesellschaft, welches nunmehr, nach Ausscheiden jener Bestandteile auf die übernehmende Gesellschaft übertragen wird, wird so bemessen und bewertet, daß ein rechnerisch bequemer Aktienaustausch möglich ist. Der Vertrag, den die übertragende Gesellschaft mit dem Dritten schließt, ist ein Vertrag zugunsten Dritter, der Aktionäre, aus dem nach der Absicht der Kontrahenten diese unmittelbar Rechte erwerben. Wenn auch die Gesellschaft selbst ein Klagerecht auf Leistung an ihre Aktionäre behält (§ 335 BGB.), so wird man diesen Anspruch als einen in Betracht kommenden Bestandteil des zu übertragenden Vermögens nicht wohl ansehen können. Der Dritte, der die ausgeschiedenen Vermögensbestandteile erwirbt, ist im Innenverhältnis beauftragter Treuhänder der erwerbenden Gesellschaft, der ihr alsdann die überkommenen Vermögensbestandteile gegen Zahlung oder Leistung der vereinbarten Entschädigung an die Aktionäre zuführt.

Der Ausweg ist unbedenklich zulässig und zweckmäßig. Daß man ihn einschlägt, beweist, daß den praktischen Bedürfnissen gegenüber die Schranken des Gesetzes zu enge sind und daß das Gesetz entwicklungsbedürftig ist.

III. Es ist hier weiter die Frage zu erörtern, ob die übernehmende Gesellschaft zu dem Zwecke der Vermögensübernahme nur junge Aktien, die ad hoc durch Kapitalserhöhung geschaffen werden, oder alte Aktien, die sie schon besitzt, benutzen kann, insbesondere die Frage, ob die Anwendung des § 305 gegeben ist, wenn die übernehmende Gesellschaft so viel eigene Aktien selbst besitzt, als zum Umtausch nötig sind. Der Fall wird infolge der Vorschrift des § 226 (Verbot des Erwerbes eigener Aktien) nicht leicht vorkommen. Er ist aber immerhin möglich, insbesondere in der Art, daß wenigstens ein Teil der Umtauschaktien sich im Eigentum der übernehmenden Gesellschaft befindet.

Nach dem Wortlaut des § 305 erscheint es zunächst

gleichgültig, ob die Übernehmerin alte oder junge, d. h. erst zu dem Zweck geschaffene Aktien hergibt. Sein Fall tritt ein, wenn der Vermögensübergang „gegen Gewährung von Aktien der übernehmenden Gesellschaft" erfolgt, ohne daß alte und junge Aktien unterschieden werden. Allein der gesamte weitere Inhalt des § 305 hat lediglich den Fall der Neuschaffung von Aktien im Auge. Das Gesetz sieht mit Recht in einer Erhöhung des Grundkapitals zum Zwecke der Angliederung eines anderen Aktienunternehmens einen Fall des § 279 HGB., eine Erhöhung mit Sacheinlage und erleichtert in dem § 305 die Vorschriften der §§ 279 ff. betreffend die sogenannte qualifizierte Erhöhung für den im § 303 behandelten Fall der Übernahme des fremden Vermögens im Ganzen. Von solchen Erleichterungen kann natürlich nur die Rede sein bei einer wirklichen Kapitalserhöhung, nicht aber bei Hergabe schon im Besitz der Übernehmerin befindlicher alter Aktien derselben. Soweit es sich um letztere handelt, ist für die Anwendung des § 305 kein Raum und erübrigt sich eine Kapitalserhöhung überhaupt. Die übernehmende Gesellschaft kann eigene Aktien, die sie besitzt, wie in jeder anderen Art, so auch zum Erwerb des Vermögens der übertragenden Gesellschaft verwerten. Soweit sie solche alten Aktien besitzt, bedarf es der Anwendung der Vorschriften des § 305 nicht; soweit sie zu diesem Zwecke junge Aktien kreiert, kann sie sich der Erleichterungen des § 305 bedienen. Der § 305 ist deshalb so zu verstehen: Wenn die übernehmende Gesellschaft für das übertragene Vermögen ihre Aktien hergibt, so soll sie, soweit sie zu diesem Zwecke ihr Grundkapital erhöhen muß, die Erleichterungen genießen, die § 305 anordnet.

Hiernach entscheidet sich auch die Frage, ob der § 306 dann zur Anwendung kommen, also der Ausschluß der Liquidation vereinbart werden kann, wenn die Übernehmerin nur alte oder zum Teil alte Aktien verwendet. Es lautet § 306:

„Ist im Falle des § 305 vereinbart, daß eine Liquidation . . . nicht stattfinden soll."

Der „Fall" des § 305 aber ist nach dem oben Ausgeführten nicht die Erhöhung des Grundkapitals, sondern die

Gewährung von Aktien der Übernehmerin an die übertragende Gesellschaft. Der § 305 bestimmt nicht, daß die über-nehmende Gesellschaft stets eine Kapitalserhöhung vornehmen muß, sondern trifft nur Sonderbestimmungen für den Fall derselben (KG. 38 A. 230). Der „Fall" des § 305 ist ein spezieller des § 303, Totalveräußerung gegen Aktiengewährung. Bei jeder anderen Art der Gegenleistung für das Gesamt-vermögen der Übertragerin gilt lediglich der § 303 und ist also (abgesehen von § 304) der Ausschluß der Liquidation unmöglich. Werden Aktien der Übernehmerin als Gegen-leistung gewährt — das ist eben ein besonderer Fall des § 303, der „Fall" des § 305 —, so soll der Ausschluß der Liquidation vereinbart werden können.

Auch rechtspolitisch ist diese Regelung gerechtfertigt. Eine AG. oder AKG., die ihr gesamtes Vermögen an einen anderen überträgt, verliert dadurch das wesentlichste Substrat ihrer Existenz, ihren Zweck; sie löst sich auf. Notwendige Folge dieser Auflösung ist die Liquidation, das gesetzlich ge-ordnete Verfahren zur Lösung der persönlichen Beziehungen der Gesellschaft, der Beziehungen zu ihren Gläubigern und der Beziehungen der Gesellschafter unter sich. Gläubiger-schutz und Verteilung des Nettovermögens sind die Ziele der Liquidation; vor Befriedigung der Gläubiger soll im Regelfalle des § 303 das Vermögen der Gesellschaft in der Hand des Liquidators zusammengehalten werden. Bis dahin lebt die in Liquidation befindliche Gesellschaft fort. Wir haben aber oben gesehen, wie schwierig sich die bei Veräußerung des Vermögens im Ganzen ja notwendige Fortführung der Ge-schäfte der in der Auflösung begriffenen Gesellschaft gestaltet, wie sich hier praktisch geradezu das Gegenteil einer Liqui-dation ergibt und wie dringend und praktisch berechtigt der Wunsch ist, den Erwerber alsbald zum entscheidenden Herrn des Unternehmens zu machen, das er nach Ablauf des Sperr-jahres als ein lebendig betriebenes erhalten soll, wie große Werte in Gefahr der Vernichtung oder Verschlechterung stehen können, wenn die Möglichkeit alsbaldigen Rechts-überganges nicht gegeben ist.

Dem Gesetzgeber schien es zunächst zulässig, in § 304 eine Ausnahme von der Regel zu machen. Im Falle der Veräußerung des Vermögens an das Reich, einen Bundesstaat, einen inländischen Kommunalverband soll der Ausschluß der Liquidation vereinbart werden können. Das hat zur Folge den sofortigen Untergang der übertragenden Gesellschaft und die Universalsukzession des erwerbenden Fiskus. Die Rücksicht auf die öffentlichen Interessen, die hier der Erwerber vertritt und verfolgt, war stark genug, und die Rücksicht auf die Gläubiger der Gesellschaft war im Hinblick auf die finanzielle Zulänglichkeit dieses Erwerbers bedeutungslos genug, um die Abkehr des Gesetzgebers von der prinzipiellen Regelung des § 303 zu rechtfertigen.

Eine zweite Ausnahme von dieser prinzipiellen Regelung hat der Gesetzgeber in § 306 treffen können, beim Umtausch von Aktienrechten. Die finanzielle Zuverlässigkeit des Erwerbers mit Bezug auf den Schutz der Gläubiger kam hier zwar nicht in Betracht und deshalb sind im § 306 .die Gläubigerschutzvorschriften zwar in etwas abgeschwächter Form, aber immerhin nach Möglichkeit aufrecht erhalten. Das Interesse jedoch an alsbaldiger Einsetzung der erwerbenden Gesellschaft in die Herrschaft über das erworbene Vermögen war stark genug, um bei den in diesem Falle nicht mehr vorhandenen Liquidationsinteressen der Aktionäre auch hier eine gleiche Regelung — sofortigen Untergang der übertragenden Gesellschaft, Universalsukzession der Erwerberin, Ausschluß der Liquidation — zu ermöglichen, wenn die beiden kontrahierenden Gesellschaften es wollten. Die Aktionäre der übertragenden Gesellschaft wurden Aktionäre der erwerbenden, bekamen die neuen Aktienrechte unmittelbar zugeteilt und hatten deshalb an einer weiteren Durchführung der Liquidation, aus der sie ja nichts zu erwarten hatten, gar kein Interesse.

Historisch hat sich, wie in § 1 dargelegt, der Ausschluß der Liquidation zunächst gerade in dem letzterwähnten Falle entwickelt, der bis zum Deutschen HGB. sogar der einzige vom Gesetz geregelte Fall der Veräußerung des Vermögens einer AG. im Ganzen war. Erst das HGB. hat von dem speziellen Fall der sogenannten eigentlichen Fusion aus die jetzt geltende grundsätzliche Regelung der Frage in den §§ 303—306 geschaffen.

Hiernach kann der Ausschluß der Liquidation auch dann vereinbart werden, wenn die übernehmende Gesellschaft ihre zum Umtausch zu verwendenden Aktien bereits ganz oder zum Teil besitzt. Besitzt sie alle diese Aktien, und bedarf es daher keiner Erhöhung ihres Grundkapitals, so ist der Vertrag zwischen den beiden Gesellschaften aus § 305 gültig, sobald er unter Genehmigung der Generalversammlung der übertragenden Gesellschaft von den beiden Vorständen abgeschlossen ist, da der Vorstand der übernehmenden Gesellschaft einer Zustimmung seiner Generalversammlung zum Erwerbe an sich nicht bedarf. Im Falle des § 306, also wenn Ausschluß der Liquidation vereinbart ist, ist dagegen der Vertrag erst wirksam, wenn der Beschluß der Generalversammlung der übertragenden Gesellschaft, deren Auflösung und die erfolgte Erhöhung des Kapitals der übernehmenden Gesellschaft ins Handelsregister eingetragen sind (§ 306 Abs. 1 § 304 Abs. 4). Bedarf es einer Erhöhung in diesem Falle nicht, weil die Übernehmerin genug eigene Aktien hat, so ist der Vertrag mit der Eintragung des Beschlusses betreffend den Liquidationsausschluß wirksam.

IV. Wie gestaltet sich die Rechtslage, wenn die übernehmende Gesellschaft Aktionärin der übertragenden ist, sei es, daß sie alle, sei es, daß sie einen Teil der Aktien jener besitzt?

Bei der Fusion, der uneigentlichen und der eigentlichen (§§ 305 und 306), gehen mit dem Untergang der übertragenden Gesellschaft die in ihr bestehenden Aktienberechtigungen unter. Die Aktionäre der übertragenden Gesellschaft werden Aktionäre der übernehmenden und erhalten für ihre bisherigen Aktienberechtigungen entsprechende in der übernehmenden Gesellschaft, so daß eine Verminderung ihres Vermögens nicht stattfindet. Soweit nun die übernehmende Gesellschaft selbst Aktionärin der übertragenden ist, Aktienberechtigungen in ihr hat, müßte sie statt derselben Aktienberechtigungen gegen sich selbst erhalten. Das ist begrifflich nicht möglich, wenigstens, soweit es sich um Neuschaffung von Aktienrechten handelt, aber im vorliegenden Falle auch nicht nötig. Denn es findet auch auf der Seite der übernehmenden Gesellschaft eine Vermögensminderung ohnedies nicht statt durch den Untergang ihrer bisherigen Aktienberechtigungen in der übertragenden Gesellschaft. Sie erhält ja dafür das Vermögen der übertragenden Gesellschaft zu einem entsprechenden Teile in der Übertragung des ganzen Vermögens derselben. Es ist also nichts zu vergüten oder auszugleichen, und es erübrigt sich deshalb, in diesem Falle auch die Erhöhung des Grundkapitals, soweit die übernehmende Gesellschaft Aktien der übertragenden besitzt, und wenn sie alle ihre Aktien besitzt, eine Erhöhung überhaupt.

Es wird in der Praxis in solchen Fällen gewöhnlich vereinbart, daß die übertragende Gesellschaft insoweit Aktien nicht erhält, was hiernach zulässig erscheint[1]. Bisweilen wird die Vereinbarung auch dahin getroffen, daß die übernehmende Gesellschaft ihren Besitz an Aktien der übertragenden der letzteren zur Vernichtung ausliefert[2]. Diese Fassung trifft die Sache nicht. Nicht auf die Vernichtung der Aktienurkunden kommt es an, sondern auf die Vernichtung der Aktienrechte, und diese Aktienrechte werden der übertragenden Gesellschaft nicht mit den Aktienurkunden übertragen, sondern gehen unter. Die Vernichtung der Aktienurkunden könnte auch unterbleiben und unterbleibt bisweilen; sie könnte auch von dem Vorstande der übernehmenden Gesellschaft vorgenommen und muß nicht dem Liquidator der übertragenden überlassen werden.

In Frage kommen kann nur, wie es sich in solchem Falle nach dem Wortlaut der §§ 305, 306 mit deren Anwendung verhält. Wenn die übernehmende Gesellschaft nur einen Teil der Aktien der übertragenden besitzt und für den

---

[1] B r a n d t Nr. 2 a cc. zu § 305.
[2] RG. 77, 69 Jur. W. 1906 S. 46 Nr. 60.

Rest eigene Aktien gewährt, so scheint der Wortlaut der §§ 305, 306 freilich diesen Fall noch zu umfassen, denn hier sind immerhin eigene Aktien der übernehmenden Gesellschaft gewährt. Besitzt aber die übernehmende Gesellschaft alle Aktien der übertragenden, hat sie also gar keine eigenen Aktien zu gewähren, so sind scheinbar die §§ 305, 306 nach ihrem Wortlaut nicht anwendbar. Die Folge wäre die Unmöglichkeit einer sofortigen Verschmelzung nach § 306 in einem Falle, in dem sie gerade besonders nahe liegt, weil die Interessen beider Gesellschaften ohnedies materiell schon in einer Hand vereinigt sind. Die Praxis hat deshalb stets in solchen Fällen die sofortige Verschmelzung nach § 306 zugelassen, und mit Recht. Man wird in der Vereinbarung, daß der entsprechende Aktienteil an die übernehmende Gesellschaft nicht gewährt werden soll, einen Verzicht derselben auf Gewährung von Aktien erblicken müssen, der dieselbe Bedeutung und Wirkung hat, wie die Erfüllung durch Aktiengewährung und deshalb eine analoge Anwendung des § 306 auch in diesem Falle für geboten halten.

Ganz verkannt ist die Rechtslage in dem vorzüglichen Aufsatz von Ziegler bei Holdheim Bd. 10 S. 60 ff. Ziegler hält es für zulässig, daß die übernehmende Gesellschaft ihr Kapital in dem erörterten Falle erhöht, sich selber die entsprechenden Aktien zuteilt und dann das Kapital um die zugeteilten Aktien wieder herabsetzt. Es erscheint aber prinzipiell unzulässig, daß eine AG. bei einer Kapitalserhöhung als Zeichnerin oder Übernehmerin des eigenen Kapitals auftritt; auch kann sie, falls sie eigene Aktien gemäß § 326 HGB. besitzt, das Bezugsrecht für diese gemäß § 282 ebensowenig ausüben, wie sie mit ihnen stimmen kann.

Auch sonst enthält dieser Abschnitt bei Ziegler vielfache Irrtümer. Die dort zitierte Entscheidung des Reichsgerichts in der „Juristischen Wochenschrift" für 1906 S. 46 Nr. 60 verhält sich gar nicht über die hier erörterte Frage. Der dort behandelte Fall lag so, daß die Generalversammlungen der beiden Gesellschaften, von denen die übernehmende Gesellschaft die sämtlichen Aktien der übertragenden besaß,

einen Vertrag dahin beschlossen hatten, daß erstere das Vermögen der letzteren im Ganzen gegen Rückgabe der in ihrem
Besitz befindlichen Aktien an den Liquidator der übertragenden
Gesellschaft zur Vernichtung erwerben sollte. Dieser beabsichtigte Vertrag ist aber von den beiderseitigen Vorständen
nicht geschlossen worden, vielmehr waren Auflassungen lediglich auf Grund der Beschlüsse der Generalversammlung erfolgt. Aus diesem Grunde hielt das Reichsgericht einen
Fall des § 303 mit Recht nicht für vorliegend, nicht deshalb, weil in der Rückgabe der Aktien zur Vernichtung eine
Gewährung von Aktien nicht vorliege. (Letzteres wäre
übrigens an sich richtig.)

Unrichtig ist es auch, wenn Ziegler in Anm. 31 a. a. O.
meint, daß es in der obigen Entscheidung des RG. statt
§ 305 § 306 heißen müsse. Es ist dort richtig § 305 zitiert,
weil die übertragende Gesellschaft den Ausschluß der Liquidation nicht beschlossen, sondern umgekehrt einen Liquidator
ernannt hat[1].

V. Besitzt die übertragende Gesellschaft Aktien der
übernehmenden, so gehen diese mit dem gesamten übrigen
Vermögen auf die übernehmende über, was nach § 226 zulässig ist, da man derartige Transaktionen nicht als solche
regelmäßigen Geschäftsganges wird ansehen können. Insoweit
die übernehmende Gesellschaft diese ihre Aktien von der
übertragenden erhält, bedarf es natürlich auf ihrer Seite einer
Kapitalserhöhung nicht; sie kann vielmehr die übernommenen
eigenen Aktien zur Dotierung der übertragenden Gesellschaft
oder der Aktionäre derselben in Gemäßheit des beschlossenen
Vertrages verwenden. Erfolgt, wie dies im Falle des § 305
möglich ist, die Hergabe der Aktien der übernehmenden Gesellschaft zu Händen des Liquidators der übertragenden, der
seinerseits die Verteilung unter deren Aktionäre vorzunehmen·

---

[1] Übrigens sei bemerkt, daß das zitierte Urteil des RG. von
Staub 9. Aufl. offenbar irrtümlich in § 306 Nr. 14 zitiert wird. Es
gehört nicht dorthin, da es nicht den Fall betrifft, daß die übernehmende
Gesellschaft genügend eigene Aktien besitzt; es gehört vielmehr
zu Nr. 6.

hat, so kann sich die Transaktion tatsächlich allerdings so abwickeln, daß der Liquidator die in seinem Besitz befind· lichen Aktien der übernehmenden Gesellschaft dieser nicht erst aushändigt, sondern in Anrechnung auf das ihm zu ge· währende Aktienquantum der übernehmenden gleich behält.

VI. Besitzt die übertragende Gesellschaft ihre eigenen Aktien, was im Ausnahmefalle nach § 226 zulässig ist, so würden an sich auch diese Aktienrechte in den Fällen der §§ 305, 306 mit dem Gesamtvermögen der übertragenden Ge· sellschaft auf die übernehmende übergehen. Im Falle des § 306 geht die übertragende Gesellschaft als rechtsfähige Person unter; ihre Aktionäre werden automatisch Aktionäre der übernehmenden und erhalten aktienrechtliche Gläubiger· rechte gegen dieselbe. Es müßte also, insoweit die über. tragende Gesellschaft eigene Aktien besaß, die übernehmende Gesellschaft ihre eigene Aktionärin werden und Gläubiger· rechte gegen sich selbst erhalten. Beides ist begrifflich un· möglich und deshalb die Annahme geboten, daß im Falle des § 306 im Augenblick des Unterganges der übertragenden Ge· sellschaft auch diese eigenen, in ihrem Vermögen befindlichen Aktienrechte überhaupt und dergestalt erlöschen, daß die auf sie entfallene Gegenleistung von der übernehmenden Gesell· schaft nicht gewährt, die entsprechenden neuen Aktien der· selben nicht geschaffen zu werden brauchen. Nicht der Über· gang, sondern der Untergang der fraglichen Aktienrechte ist gewollt. Bedenken gegen eine solche teilweise Verringerung des Grundkapitals der übertragenden Gesellschaft können aus den sonst geltenden Vorschriften des Aktienrechts in einem Augenblick nicht entnommen werden, in welchem die Ge· sellschaft überhaupt mit ihrem Grundkapital untergehen soll und in dem für ihre Gläubiger anderweit hinreichende Für· sorge getroffen ist (Abs. 2—5 § 306).

Im Falle des § 305 bleibt die übertragende Gesellschaft als Liquidationsgesellschaft bestehen; der Liquidator hat nach der Versilberung des Vermögens und nach Beobachtung der Schutzvorschriften für die Gläubiger die Zuteilung der von der Übernehmerin gewährten Aktienrechte an die Aktionäre

der übertragenden Gesellschaft vorzunehmen. Erst nach dieser
Zuteilung erlischt die übertragende Gesellschaft. Der Liquidator würde also von den ihm gewährten Aktienrechten denjenigen Teil, der auf die Übernehmerin als Aktionärin der
Liquidationsgesellschaft entfällt, der Übernehmerin zuzuteilen
haben. Der Vorgang wäre in dieser Weise denkbar, da
immerhin ein fremdes Rechtssubjekt, die Liquidationsgesellschaft vorhanden ist, für welche die fraglichen Aktienrechte
zunächst geschaffen werden. Der Erwerb dieser Aktienrechte
seitens der Übernehmerin aus der Hand des Liquidators wäre
auch nach § 226 denkbar und zulässig. Allein man wird in
diesem Falle wohl anzunehmen haben, daß, soweit die übernehmende Gesellschaft als Aktionärin der übertragenden in
Betracht kommt, die als Gegenleistung zu gewährenden Aktien
an sie nicht erst zuzuteilen sind, daß die Rechtslage dieselbe
ist, wie im Falle des § 306. Auch hier also wird nicht der
Übergang, sondern der Untergang der fraglichen Aktienrechte
als gewollt anzusehen sein und die entsprechende Verringerung der Gegenleistung. Die für den Fall des § 306 ge-
machten Ausführungen treffen auch hier vollständig zu.
Was für den Fall des § 306 als notwendig anzunehmen ist,
und deshalb auch als zulässig erscheint: die Annahme, daß
die fraglichen Aktienrechte untergehen sollen, muß auch
hier zulässig sein, wenn jene Annahme hier auch nicht gerade
notwendig, sondern nur nützlich und praktisch ist.

Daß die Gewährung der Gegenleistung der übernehmenden
Gesellschaft an einen Teil der Aktionäre der übertragenden
direkt, an einen anderen Teil zu Händen des Liquidators
stipuliert werden kann, erscheint nicht zweifelhaft.

Ist vereinbart, daß die Gegenleistung der übernehmenden
Gesellschaft an alle Aktionäre der übertragenden unmittelbar
erfolgen soll, so ergibt sich, wenn sich im Vermögen der
übertragenden Gesellschaft eigene Aktien derselben befinden,
die Anwendung der entwickelten Grundsätze bezüglich dieser
Aktien von selbst.

§ 12.

Die Beschlüsse der Generalversammlung nach § 305 in formeller Beziehung.

Der Fall des § 305 ist ein besonderer Fall des § 303: Die Gegenleistung des Erwerbers, der hier nur eine inländische AG. oder AKG. sein kann, besteht lediglich in seinen eigenen Aktien.

Auf seiten der übertragenden Gesellschaft gelten in diesem Unterfall dieselben Grundsätze wie im Fall des § 303. Es ist also auch hier der Vorstand der übertragenden Gesellschaft nur auf Grund eines mit qualifizierter Mehrheit gefaßten Beschlusses zum Vertragsschluß befugt und dieser Beschluß hat ferner die Folge der sofortigen Auflösung und Liquidation der übertragenden Gesellschaft, wenn die Liquidation nicht schon vorher aus anderen Gründen eingetreten war. Auch hier ist der Vertrag während einer Liquidation der übertragenden Gesellschaft zulässig. Auch hier kann der Beschluß der Generalversammlung dem Vertragsabschluß vorhergehen oder nachfolgen. Auch der Vertrag des § 305 kann bedingt oder so abgeschlossen werden, daß die übertragende Gesellschaft zunächst einen Vertragsantrag macht, über dessen Annahme die erwerbende in der gestellten Frist sich zu erklären hat[1]. Auch hier kann die Gegenleistung an die übertragende Gesellschaft oder an die Aktionäre direkt vereinbart werden. Die Vertragsform ist auch hier die gerichtliche oder notarielle Beurkundung.

Der § 305 enthält bezüglich der ü b e r t r a g e n d e n Gesellschaft besondere Bestimmungen überhaupt nicht. Er trifft nur Anordnungen über die Maßnahmen, die auf seiten der ü b e r n e h m e n d e n Gesellschaft notwendig sind, indem er von dem Regelfalle ausgeht, daß letztere zum Zweck der Erwerbung des fremden Vermögens, der Aufsaugung der anderen Gesellschaft und der vertragsmäßigen Befriedigung ihrer

---

[1] Plotke bei Holdheim 10, 248.

Aktionäre eigene Aktien neu zu kreieren, also eine Kapitalserhöhung vorzunehmen hat. Die Aktion auf seiten der übernehmenden Gesellschaft erscheint als eine qualifizierte Erhöhung des Grundkapitals, als Erhöhung mit Sacheinlage
gemäß § 273. Das Vermögen der übertragenden Gesellschaft
stellt die Sacheinlage dar. Die übertragende Gesellschaft ist
es, die das erhöhte Grundkapital der erwerbenden „übernimmt".

Die Generalversammlung der übernehmenden Gesellschaft
faßt nur einen Kapitalserhöhungsbeschluß, nicht etwa einen
Zustimmungsbeschluß zu dem Fusionsvertrage. Einer solchen
Zustimmung dieser Generalversammlung bedarf es nicht; vielmehr ist auf seiten der übernehmenden Gesellschaft deren
Vorstand zum Abschluß des Fusionsvertrages selbständig und
unbeschränkt legitimiert, da das Gesetz hier nirgends eine
Zustimmung der Generalversammlung erfordert, also die Regel
der §§ 231, 235 für den Vorstand gilt. Wenn also eine
Kapitalserhöhung nicht notwendig ist, weil die übernehmende
Gesellschaft die erforderlichen eigenen Aktien bereits besitzt,
so kann ihr Vorstand den Fusionsvertrag ohne weiteres abschließen. Die hier und da hervortretende Meinung, daß
zum Fusionsvertrag im Falle des § 305 auch die Zustimmung
der Generalversammlung der übernehmenden Gesellschaft
nötig sei, ist unrichtig und wird von Horrwitz S. 459 mit
Recht bekämpft.

Freilich wird sich ein Erhöhungsbeschluß inhaltlich eng
an den beabsichtigten Fusionsbeschluß anschließen und so
implicite eine Zustimmung der Generalversammlung der übernehmenden Gesellschaft dazu enthalten; aber er ist eine solche
Zustimmung selbst nicht. Daß ein Abschluß des Fusionsvertrages durch den Vorstand, bevor der Erhöhungsbeschluß
vorliegt, die Unwirksamkeit desselben herbeiführt, beruht
nicht auf einem Mangel in der Berechtigung des Vorstandes,
sondern, wie später erwähnt wird, auf der speziellen Vorschrift
des § 283 Abs. 2 HGB.

Für die seitens der übernehmenden Gesellschaft zu be-
wirkende Kapitalserhöhung würden an sich die §§ 278 ff.

maßgebend sein, wenn nicht § 305 Abs. 1 einen Teil dieser
strengen Vorschriften mit Rücksicht auf die im § 305 voraus-
gesetzte Sachlage außer Kraft setzte. Davon wird später und
im Zusammenhang mit dem sonstigen Inhalt des Erhöhungsbeschlusses die Rede sein.

Zunächst ist hier hervorzuheben, daß der Kapitalserhöhungsbeschluß als eine Statutenänderung gemäß § 275 mit einer
Dreiviertelmehrheit in der Generalversammlung zu fassen
ist, wenn der Gesellschaftsvertrag anderes nicht bestimmt.
Während also bei dem Generalversammlungsbeschluß auf
seiten der übertragenden Gesellschaft die Dreiviertelmajorität
zwingendes Recht ist und nur Erschwerungen, nicht Erleichterungen zugelassen sind, können hier die Statuten auch
Erleichterungen zulassen. Nur wenn die Übernahme des
fremden Betriebes zugleich eine Veränderung des Gegenstandes
des Unternehmens der erwerbenden Gesellschaft enthält, ist
auch hier die Dreiviertelmehrheit zwingende Vorschrift und
es kann in diesem Falle der Gesellschaftsvertrag nur Erschwerungen, nicht Erleichterungen anordnen (§ 275 Abs. 2).

Liegt aber der Fall des § 207, Abs. 1 vor, d. h. wenn
der Fusionsvertrag innerhalb zweier oder gar innerhalb eines
Jahres seit der Eintragung der übernehmenden Gesellschaft
ins Handelsregister geschlossen und die neu zu gewährenden
Aktien mehr als zehn Prozent des bisherigen Grundkapitals
ausmachen, so greifen die erschwerenden Bestimmungen des
§ 207 Platz. Die Dreiviertelmajorität für den Beschluß ist
wieder zwingend vorgeschrieben; der Gesellschaftsvertrag
kann nur Erschwerungen anordnen; ja, wenn der Vertrag
innerhalb des ersten Jahres seit Eintragung der Gesellschaft
ins Handelsregister getätigt wird, müssen nach § 207 Abs. 3
die Anteile der zustimmenden Mehrheit außerdem mindestens
ein Viertel des gesamten Grundkapitals umfassen. Der Vorstand ist hier n i c h t befugt, den Vertrag ohne diesen qualifizierten Beschluß der Generalversammlung abzuschließen.
Hier ist also eine gesetzliche Beschränkung der Vertretungsmacht des Vorstandes gegeben und eine wirkliche G e n e h m i-
g u n g der Generalversammlung erforderlich.

Was oben über das Zustandekommen der qualifizierten Majoritäten, über die Berechtigung zum Mitstimmen gesagt ist, gilt auch hier. Besitzt die übertragende Gesellschaft Aktien der übernehmenden, so kann sie nicht mitstimmen, da der zu fassende qualifizierte Erhöhungsbeschluß die Vornahme eines Rechtsgeschäfts zwischen den beiden Gesellschaften, also zwischen der beschließenden Gesellschaft und einem Aktionär derselben, nämlich die Einbringung einer Sacheinlage in die beschließende Gesellschaft betrifft (§ 252 Abs. 3).

Eine Sondervorschrift endlich gilt für den Erhöhungsbeschluß der § 278 Abs. 2, dessen Anwendung geboten erscheint, da seine Nichtanwendung durch § 305 Abs. 1 selbst nicht angeordnet ist. Es sollen danach beim Vorhandensein von Aktiengattungen mit verschiedener Berechtigung diese stets auch besonders, und zwar je mit qualifizierter Majorität zu beschließen haben, und diese gesonderte Abstimmung ist nach § 256 Abs. 2 fristgemäß anzukündigen, gleichgültig, ob durch die Erhöhung das bisherige Verhältnis der verschiedenen Gattungen von Aktien zum Nachteil einer Gattung geändert werden soll oder nicht, während in anderen Fällen Sonderabstimmungen nur im Falle der Benachteiligung einer Aktiengattung stattzufinden haben (§ 275 Abs. 3 Satz 1).

§ 13.
Der materielle Inhalt der Beschlüsse im Falle des § 305.

Über den materiellen Inhalt des Beschlusses der Generalversammlung der übertragenden Gesellschaft ist im Falle des § 305 vom Gesetz besonderes nicht bestimmt. Der Beschluß muß sich auf einen Vertrag des im § 305 vorausgesetzten Inhalts, also auf eine Totalveräußerung gegen die Hergabe von Aktien der Erwerberin beziehen.

Der Erhöhungsbeschluß der übernehmenden Gesellschaft stellt sich, wie bereits dargelegt, als ein Erhöhungsbeschluß mit Sacheinlage dar. Aber die spezielle Sacheinlage des § 305, der die Kapitalserhöhung dient, bewirkt, daß die sonst anzuwendenden Vorschriften der §§ 278 ff. teils durch ausdrückliche Vorschrift des § 305, teils nach der Rechtskonsequenz außer Kraft gesetzt oder modifiziert anzuwenden sind. Im einzelnen gilt folgendes:

a) § 278 Abs. 1, der bestimmt, daß eine Kapitalserhöhung durch Ausgabe neuer Aktien nicht stattfinden soll, wenn nicht das bisherige Grundkapital voll eingezahlt ist, ist ausdrücklich außer Kraft gesetzt.

b) Desgleichen § 280 Abs. 2, der bestimmt, daß die bei der Anmeldung der Erhöhung abzugebende Versicherung sich auf die Volleinzahlung des bisherigen Grundkapitals beziehen muß, eine Konsequenz der Erleichterung zu a.

c) Ebenso § 281, der für die sonstigen Kapitalserhöhungen Zeichnungsscheine und ihren Inhalt vorschreibt. Hier erübrigt sich die Vorschrift, da die Zeichnung durch den Vertragsabschluß ersetzt wird.

d) Desgleichen § 282, der das gesetzliche Bezugsrecht der alten Aktionäre auf die neuen Aktien statuiert — eine Vorschrift, für die hier kein Raum ist.

e) Ebenso § 283 Abs. 1, der bestimmt, daß Zusicherungen von Bezugsrechten auf neue Aktien nur unter Vorbehalt der Bezugsrechte der alten Aktionäre erteilt werden können. Die Außerkraftsetzung ist eine Folge des zu d Gesagten.

f) Nicht außer Kraft gesetzt ist jedoch der § 283 Abs. 2, welcher lautet:

„Eine Zusicherung, die vor dem Beschlusse über die Erhöhung des Grundkapitals geschieht, ist der Gesellschaft gegenüber unwirksam."

In Anwendung auf den Fall des § 305 führt die Aufrechterhaltung dieser Vorschrift zu weitgehenden Konsequenzen für die Rechtswirksamkeit des Fusionsvertrages und die Reihenfolge der verschiedenen zum Zwecke der Transaktion nötigen rechtlichen Maßnahmen. Denn in dem Abschluß des Fusionsvertrages seitens des Vorstandes der übernehmenden Gesellschaft liegt das Versprechen des letzteren an die übertragende auf Gewährung der neu zu kreierenden Aktien, also die Zusicherung des Bezugsrechts auf diese jungen Aktien. Diese Zusicherung, vor dem Beschluß über die Erhöhung des Grundkapitals und vor dessen Eintragung ins Handelsregister abgegeben, würde der Gesellschaft gegenüber unwirksam sein. Genehmigt die Generalversammlung nachträglich den Vertrag, so wird sie wirksam. Ob und welche Wirkungen eintreten, wenn eine Genehmigung durch die Generalversammlung nicht erfolgt, bestimmt sich nach allgemeinen Grundsätzen.

g) Aufrecht erhalten ist auch für den Fall des § 305 der § 284 Abs. 1, nach dem sämtliche Mitglieder des Vorstandes und Aufsichtsrats der übernehmenden Gesellschaft die durchgeführte Kapitalserhöhung zum Handelsregister anzumelden haben.

h) Dagegen ist § 284 Abs. 2 Nr. 1, nach dem der Anmeldung die Duplikate der Zeichnungsscheine und ein Verzeichnis der Zeichner beizufügen sind, naturgemäß ausdrücklich in Fortfall gekommen.

i) In Nr. 2 Abs. 2 § 284 ist bestimmt, daß der Anmeldung im Falle der qualifizierten Erhöhung auch der Übernahmevertrag beizufügen ist. Diese Vorschrift, nicht ausdrücklich außer Anwendung gesetzt, ist ersetzt durch den Abs. 2 des § 305, der vorschreibt, daß hier der Anmeldung der erfolgten Erhöhung der von der Generalversammlung der übertragenden Gesellschaft genehmigte Fusionsvertrag in Urschrift oder beglaubigter Abschrift beizufügen ist.

k) Nicht ausgeschlossen ist in § 305 die Anwendung des Abs. 2 Nr. 4 des § 284, nach dem die Genehmigungsurkunde beizufügen ist, wenn die Kapitalserhöhung mit Rücksicht auf den Gegenstand des Unternehmens der staatlichen oder, wenn sogenannte Kleinaktien vorliegen, der bundesrätlichen Genehmigung bedarf, und ferner die Nr. 3 daselbst, nach der eine Berechnung der Kosten der Aktienausgabe beizufügen ist.

l) Ausgeschlossen ist dagegen nach § 305 die Anwendung des Abs. 3 § 284. Es finden also die darin allein erwähnten

Vorschriften des § 195 Abs. 3 keine Anwendung. In § 195
Abs. 3 ist zweierlei angeordnet.

1. In der Anmeldung ist die Erklärung abzugeben, daß
auf jede Aktie der eingeforderte Barbetrag (mindestens
ein Viertel) gezahlt ist und daß der bezahlte Betrag sich
im Besitz des Vorstandes befindet.

Diese Erklärung fällt im Falle des § 305 naturgemäß
fort, da überhaupt eine Barzahlung nicht in Frage kommt.

2. In der Anmeldung ist ferner der Ausgabekurs und der
darauf bar bezahlte Betrag anzugeben.

Auch diese Bestimmung kommt im Falle des § 305
in Fortfall. Wenigstens ist hier ausdrücklich die Angabe des Ausgabekurses nicht für notwendig erachtet,
wenn man sie auch mit Staub Anm. 17 zu § 305 für
zulässig halten muß.

m) Hiernach wird man auch die Anwendung des § 284
Abs. 5 für ausgeschlossen zu erachten haben, der anordnet, daß in der Veröffentlichung des Registerrichters auch
der Ausgabekurs der neuen Aktie anzugeben ist (Ziegler
bei Holdheim 18, 118).

n) Nicht ausdrücklich in § 305, aber durch die Sachlage
ausgeschlossen ist die Anwendung des § 285, nach
welchem die Anmeldung und Eintragung der erfolgten Erhöhung gleichzeitig mit der Anmeldung und Eintragung des
Erhöhungsbeschlusses erfolgen kann. Denn die Anmeldung
der durchgeführten Erhöhung setzt das Vorliegen eines wirksamen Fusionsvertrages voraus, der ihr ja beizufügen ist. Ein
solcher Fusionsvertrag kann aber wegen der Vorschrift des
§ 283 Abs. 2 vor der Anmeldung und Eintragung des auf
Erhöhung lautenden Beschlusses wirksam nicht abgeschlossen
werden und nach 277 Abs. 3 erlangt der Beschluß auf Erhöhung erst mit seiner Eintragung rechtliche Wirksamkeit[1].

o) Die §§ 286, 287 greifen auch im Falle des § 305 Platz,
da ihre Anwendung hier weder durch eine ausdrückliche
Vorschrift, noch durch die Lage der Sache ausgeschlossen ist.

---

[1] Unrichtig Staub Anm. 16 zu § 305. Dagegen Ziegler bei
Holdheim 18, 66.

p) Der § 279 und § 278 Abs. 3 sind im § 305 nicht
außer Anwendung gesetzt. Nach § 279, soweit er hier in
Betracht kommt, muß in dem Erhöhungsbeschlusse und demgemäß auch in dem Vertrage, an welchen sich der Erhöhungsbeschluß ja anschließt, der Gegenstand der Sacheinlage, der
Gegenkontrahent und der Betrag der für die Einlage zu
gewährenden Aktien festgesetzt werden, bei Vermeidung der
Unwirksamkeit des betreffenden Abkommens. Nach § 278
Abs. 3 ist, falls die auf die Kapitalserhöhung entfallenden
neuen Aktien zu einem Überparikurse ausgegeben werden
sollen, der Mindestbetrag, unter dem die Ausgabe nicht erfolgen darf, in dem Erhöhungsbeschluß festzusetzen.

Diese Bestimmungen sind aber nach der Sachlage im Falle
des § 305 nur mit Modifikationen anwendbar. Um Art und
Maß dieser Änderungen zu bestimmen, wird ein näheres Eingehen auf die gesetzlichen Vorschriften notwendig sein, welche
sich mit der Bestimmung und der Bekanntgabe des Aktien-
kurses überhaupt befassen. Nach § 184 HGB. können bei
der Gründung der Aktiengesellschaft Aktien unter pari nicht
ausgegeben werden. Die Ausgabe über pari ist zulässig,
wenn sie im Gesellschaftsvertrage vorgesehen ist. Nach § 189
ist im Zeichnungsscheine und nach § 195 Abs. 2 bei der
Anmeldung der Ausgabekurs anzugeben. Dieser Ausgabekurs
ist nach § 199 auch zu veröffentlichen. Die Generalversammlung muß bei der Bargründung den Ausgabekurs
festsetzen[1]. Nach § 262 fließt das Agio, der Betrag, der
über dem Nominalbetrag der Aktien eingezahlt wird, abzüglich
der Kosten in den Reservefonds.

Auch bei der qualifizierten Gründung nach § 186, bei der
Gründung mit Sacheinlage gelten diese Grundsätze. Auch
hier ist nur Überpariemission zulässig[2]. Auch hier hat das
Statut oder die Generalversammlung den Ausgabekurs der
Aktien zu bestimmen, welche für die Sacheinlage gewährt
werden. Nach § 186 ist im Statut der Betrag der für die

---

[1] Staub Anm. 5 zu § 184.
[2] Staub Anm. 4 zu § 184.

Einlage zu gewährenden Aktien anzugeben, nicht bloß die
Zahl derselben. Der „Betrag" ergibt sich aber aus der Zahl
und dem Ausgabekurs der Aktien. Auch bei der Sachgründung
muß die Anmeldung eine Angabe über den Ausgabekurs derjenigen Aktien enthalten, welche für die Sacheinlage gewährt
werden, wenn sie über pari ausgegeben werden. Das Agio
bildet einen Teil des Reservefonds, der zwar nicht bar, aber in
den der Gesellschaft zugeführten Werten vorhanden ist, stellt
also eine offene Reserve der Gesellschaft dar. Die Gesellschafter können freilich bei der Gründung Sacheinlagen auch
zu einem Preise einbringen, der unter ihrem wirklichen Wert
liegt und doch die Aktien zu pari ausgeben. Es kann eine
Fabrik in wirklichem Werte von 600 000 Mark zu einer Bewertung von nur 500 000 Mark eingebracht werden, indem
dafür 500 Aktien à 1000 Mark zum Ausgabekurs von 120 gegeben werden. Dann ist eine offene Reserve in Gestalt eines
Reservefonds von 100 000 Mark vorhanden. Es können aber
auch diese Aktien zum Parikurse ausgegeben werden. Dann
bildet der Mehrwert der Sacheinlage eine stille Reserve der
Gesellschaft [1].

Die gleichen Grundsätze finden bei der Kapitalserhöhung
Anwendung. Wenn der Kurswert oder der innere Wert der
Aktien über ihrem Nominalwert liegt, so werden freilich die
neuen Aktionäre, welche sich mit Kapital an dem Gesellschafts-
unternehmen beteiligen wollen, diese Chance mit einem entsprechenden Agio, also mit einem Betrage über pari bezahlen
müssen, den die Generalversammlung im Erhöhungsbeschlusse
festsetzt. Es schreibt aber § 278 Abs. 3 bei der Kapitalserhöhung vor, daß bei dem Erhöhungsbeschluß von der Generalversammlung nicht ein bestimmter Ausgabekurs, sondern der
Mindestbetrag anzugeben ist, zu welchem die neuen Aktien
auszugeben sind, so daß über den wirklichen Ausgabekurs,
der freilich unter den festgesetzten Mindestkurs nicht hinab-
gehen darf, nicht die Generalversammlung, sondern der Vorstand zu entscheiden hat, wenigstens mit verbindlicher Kraft

---

[1] Staub Anm. 14 und 18 zu § 262.

nach außen hin. Handelt es sich nun um eine Kapitalserhöhung mit Sacheinlage gemäß § 279, so muß auch hier
der Beschluß über die Kapitalserhöhung den Betrag der für
die Sacheinlage zu gewährenden Aktien angeben. Es muß
also hier die Generalversammlung selbst Zahl und Kurs der
zu gewährenden Aktien bestimmen, nicht bloß den Mindestkurs, weil es ja sonst im Belieben der Vertretungsorgane der
Gesellschaft stehen würde, die Bewertung der Sacheinlage
für die Gesellschaft vorzunehmen.

Bei einer Kapitalserhöhung nach § 305, welche stets als
qualifizierte erscheint, ist deshalb gleichfalls in dem Erhöhungsbeschlusse nicht ein Mindestkurs anzugeben, sondern ein bestimmter Ausgabekurs und § 278 Abs. 3 greift deshalb im
Falle des § 305 n i c h t Platz[1].

Vielmehr muß, da der Betrag der in Umtausch zu gewährenden Aktien v e r t r a g s m ä ß i g feststeht und dieser
Betrag sich aus der Multiplikation der Anzahl der zu gewährenden Aktien mit ihrem Ausgabekurs rechnerisch ergibt,
beides, die bestimmte Zahl der Aktien und ihr b e s t i m m t e r
Ausgabekurs im Erhöhungsbeschlusse genannt werden.

S t a u b Anm. 13 zu § 305 verlangt entweder Angabe des
Mindestausgabekurses, was nach Vorstehendem nicht richtig
erscheint, oder des Umtauschverhältnisses dahin, wieviel Aktien
der übernehmenden Gesellschaft für jede Aktie der übertragenden gegeben werden. Auch das letztere ist nicht richtig
für den Fall, daß die Leistung der übernehmenden Gesellschaft
an die übertragende Gesellschaft und deren Liquidator nicht
an die Aktionäre der übertragenden Gesellschaft direkt geht.
In diesem Falle bedarf es sowohl im Vertrage, als im Erhöhungsbeschlusse vielmehr nur der Angabe, wieviel Aktien
der übernehmenden Gesellschaft für das Vermögensganze der
übertragenden Gesellschaft an diese gewährt werden und zu
welchem Kurse. Der Liquidator hat alsdann im Wege einer
einfachen Rechnungsoperation die Verteilung vorzunehmen.
Wird freilich die Gegenleistung der übernehmenden Gesell-

---

[1] L e h m a n n - R i n g Nr. 6 zu § 305.

schaft direkt an die Aktionäre der übertragenden gewährt, also im Falle des § 306 stets, so wird zur Bestimmung der einzelnen Gegenleistung die Angabe des Umtauschverhältnisses allerdings erforderlich sein. Sie ergibt sich aber gleichfalls rechnerisch aus der vorgenommenen Bewertung und der Preisfestsetzung, welche den Inhalt des abgeschlossenen oder abzuschließenden Verschmelzungsvertrages bildet. Sicherlich ist es in diesem Falle zulässig und empfehlenswert, das Umtauschverhältnis im Vertrage und entsprechend im Erhöhungsbeschlusse anzugeben.

Falls die übernehmende Gesellschaft das zu erwerbende Vermögen durch die infolge der Kapitalserhöhung beschafften jungen Aktien nicht völlig abgilt, also wenn sie entweder eigene Aktien oder Aktien der übertragenden Gesellschaft bereits besitzt, so ist dies in dem Erhöhungsbeschlusse zum Ausdruck zu bringen und anzugeben, für welchen quotenmäßig zu bezeichnenden Teil des zu übernehmenden Vermögens die jungen Aktien gewährt werden. Nur so kann der Vorschrift des § 279, der sich nur auf eine Kapitalserhöhung bei Belegung der gesamten Sacheinlage mit jungen Aktien bezieht, im Falle des § 305 genügt werden.

Wenn neben der Kapitalserhöhung zum Zwecke des Erwerbes des fremden Unternehmens eine weitere Kapitalserhöhung zu anderen Zwecken, z. B. zur Beschaffung von Betriebsmitteln erfolgt, was häufig geschieht, so fallen natürlich für diese weitere Erhöhung die im § 305 zugelassenen Erleichterungen fort. Es gelten für diese weitere Erhöhung die Vorschriften der §§ 278 ff. vollständig, und es wird nötig sein, in solchem Falle im Erhöhungsbeschluß auseinander zu halten, welcher Teil der Kapitalserhöhung dem einen und dem anderen Zwecke dient.

§ 14.

Durchführung der uneigentlichen Fusion (§ 305).

Die Durchführung der uneigentlichen Fusion erfordert nach der vorstehenden Darstellung folgende Akte:

1. Den Beschluß der Generalversammlung der übertragenden Gesellschaft auf Zustimmung zu einem Fusionsvertrage bestimmten Inhalts.

2. Den Abschluß dieses Vertrages zwischen dem Vorstande (Liquidator) der übertragenden und dem Vorstande der
übernehmenden Gesellschaft.

3. Den Beschluß der Generalversammlung der übernehmenden Gesellschaft auf qualifizierte Erhöhung des Grundkapitals.

4. Die Anmeldung dieses Beschlusses zum Handelsregister.

5. Die Anmeldung der durchgeführten Kapitalserhöhung
zum Handelsregister.

6. Die Einreichung des Generalversammlungsbeschlusses
zu 1 zum Handelsregister gemäß § 259.

7. Die Anmeldung der Auflösung der übertragenden Gesellschaft und des Liquidators zum Handelsregister durch den
Vorstand.

8. Die dreimalige Publikation des Liquidators an die
Gläubiger der übertragenden Gesellschaft, deren Befriedigung
oder Sicherstellung und das Abwarten der Sperrzeit von
einem Jahr.

9. Die Ausantwortung des Vermögens der übertragenden
Gesellschaft durch ihren Liquidator an den Vorstand der
übernehmenden.

10. Den Aktienaustausch, vermittelt entweder durch den
Liquidator der übertragenden oder den Vorstand der übernehmenden Gesellschaft unter eventueller Anwendung des
§ 290 HGB.

11. Die Anmeldung des Erlöschens der Firma der übertragenden Gesellschaft durch den Liquidator zum Handelsregister.

Zwischen den Akten zu 1 und 2 ist die Reihenfolge
gleichgültig. Ist der Fusionsvertrag zunächst zwischen den
beiden Vorständen geschlossen, so ist er bis zur Genehmigung
zu 1 unwirksam; die nachträgliche Genehmigung macht ihn
wirksam. Aus § 283 Abs. 2 aber folgt, daß die Akte zu 3

und 4 dem Akte zu 2 vorausgehen müssen. Denn erst nach der Fassung des Beschlusses auf die Kapitalserhöhung und dessen Anmeldung und Eintragung ins Handelsregister kann seitens der übernehmenden Gesellschaft der Fusionsvertrag, der eine Zusicherung auf den Bezug von Aktien enthält, wirksam abgeschlossen werden. Endlich ist zu berücksichtigen, daß der Akt zu 1 in jedem Falle, gleichgültig, ob der Vertrag zu 2 abgeschlossen oder die Kapitalserhöhung durchgeführt wird, eine Auflösung der übertragenden Gesellschaft zur notwendigen Folge hat, und daß diese Auflösung, wenn der beabsichtigte Zweck der ganzen Transaktion aus irgendeinem Grunde nicht erreicht wird, schwer, nämlich entweder auf dem immerhin umständlichen Wege des § 307 oder auf dem noch schwierigeren einer Neugründung beseitigt werden kann. Man wird deshalb zunächst den Beschluß auf qualifizierte Erhöhung von der Generalversammlung der übernehmenden Gesellschaft fassen lassen und seine Anmeldung und Eintragung ins Handelsregister bewirken, sodann erst den Fusionsvertrag zwischen den Vorständen schließen und ihn, sei es vor oder nach dem Abschluß, seitens der Generalversammlung der übertragenden Gesellschaft genehmigen lassen müssen. Gleichzeitig ist, wenn es noch nicht geschehen sein sollte, bei der übertragenden Gesellschaft der Liquidator zu bestellen, und sodann ist von dem Vorstande deren Auflösung und die Bestellung des Liquidators zum Handelsregister anzumelden. Nunmehr erst wird der Vorstand der übernehmenden Gesellschaft die durchgeführte Kapitalserhöhung unter Beifügung des genehmigten Fusionsvertrages gemäß § 305 Abs. 2 zum Register anzumelden haben.

Damit sind die rechtlichen Grundlagen für die tatsächliche Durchführung der Verschmelzung geschaffen. Da der Liquidator im Falle des § 305 genau so, wie im Falle des § 303 die Schutzvorschriften zugunsten der Gläubiger zu beobachten hat, so wird nach dem Vorschlage Staubs Anm. 21 zu § 305 die Anmeldung der durchgeführten Erhöhung am besten erst nach Ablauf des Sperrjahres erfolgen und es werden im Fusionsvertrage die beiderseits übernommenen

Pflichten: Ausantwortung des Vermögens und Hergabe der neuen Aktien entsprechend bis zum Ablauf dieses Jahres zu befristen sein. Der Liquidator der übertragenden Gesellschaft darf deren Vermögen eher nicht ausantworten, und der Vorstand der übernehmenden Gesellschaft vermeidet durch solche Befristung die Konsequenz, daß die Aktionäre der übertragenden Gesellschaft deren Aktionäre werden, also in ihrem Bereich mitzustimmen haben, ohne daß die übernehmende Gesellschaft schon in den Besitz der Gegenleistung gekommen ist.

Aus den angegebenen Gründen empfiehlt es sich aber, den geschilderten regelmäßigen Gang der einzelnen Maßnahmen, wie er aus dem inneren Zusammenhang der gesetzlichen Vorschriften sich als notwendig ergibt, durch bedingte Beschlüsse und Vereinbarungen zu modifizieren. Es ist möglich, den Fusionsvertrag zuerst, und zwar unter der Bedingung abzuschließen, daß die Generalversammlung der übertragenden Gesellschaft ihn genehmigt, die Generalversammlung der übernehmenden einen entsprechenden Erhöhungsbeschluß faßt und diesen zur Eintragung bringt, beides auch mit Setzung einer bestimmten Frist, bei deren fruchtlosem Ablauf der bedingte Vertrag als hinfällig gilt. Es ist zulässig, daß die Generalversammlung der übertragenden Gesellschaft den vorher geschlossenen Vertrag unter der Bedingung genehmigt, daß der Erhöhungsbeschluß in bestimmter Frist gefaßt und eingetragen wird [1]. Die Eintragung des bedingten Genehmigungsbeschlusses mit dem bedingten Vertrage ins Handelsregister kann nicht vor dem Eintritt der Bedingung, also vor der Eintragung des Erhöhungsbeschlusses erfolgen, weil bedingte Beschlüsse überhaupt nicht eintragungsfähig sind [2]. Erst nach Eintritt der Bedingung kann die Eintragung des Genehmigungsbeschlusses erfolgen und so wird dann die so schwer zu beseitigende Folge der Auflösung der übertragenden Gesellschaft vorläufig vermieden. Ähnlich würde sich der Verlauf der Dinge abspielen, wenn zunächst

---

[1] Die Zulässigkeit solcher Bedingungen ist anerkannten Rechtens. Staub Anm. 9 zu § 305. Lehmaun-Ring Nr. 5, 9.

[2] Staub Anm. 7 zu § 12 HGB.

ein genehmigtes Angebot des Vertreters der übertragenden
Gesellschaft und dann — nach Eintragung des Erhöhungsbeschlusses — die Annahme des Angebots durch den Vertreter der übernehmenden Gesellschaft erfolgt [1].

Wenn beide in Betracht kommenden Gesellschaften zum
selben Handelsregister ressortieren, so daß eine gleichzeitige
Behandlung der beiderseitigen Beschlüsse durch denselben
Richter erfolgt, so kommt es freilich nur darauf an, daß der
Erhöhungsbeschluß nicht n a c h dem Abschluß des — un-
bedingten — Fusionsvertrages erfolgt, weil dann eine Verletzung des § 283 Abs. 2 vorliegen würde. Alle sonstigen
Bedenken, betreffend die Reihenfolge der einzelnen Akte,
kommen alsdann in Fortfall, weil ja auf beiden Seiten die
Eintragungen gleichzeitig erfolgen können. Erst wenn verschiedene Registerrichter mitzuwirken haben, also eine
gleichzeitige Eintragung sich nicht sichern läßt, treten jene
Bedenken hervor, die nach der gegebenen Darstellung zu
beseitigen sind.

§ 15.

Wirkungen der uneigentlichen Fusion.

Nachdem die Anmeldung der durchgeführten qualifizierten
Kapitalserhöhung und deren Eintragung ins Handelsregister
erfolgt ist, tritt die tatsächliche Durchführung der Verschmelzung beider Gesellschaften ein, vorausgesetzt, daß alsdann, wie regelmäßig der Fall sein wird, das Sperrjahr schon
abgelaufen ist. Der Liquidator hat nunmehr das Vermögen
der übertragenden Gesellschaft an die übernehmende aus-
zuantworten. Der Rechtsübergang erfolgt durch Einzelakte,
durch Übertragungen des Eigentums an jedem einzelnen Ver-
mögensbestandteil in den für das einzelne Stück erforderlichen
gesetzlichen Formen. Aus dem Fusionsvertrage entstehen
der übernehmenden Gesellschaft Gläubigerrechte gegen die
in Liquidation befindliche übertragende.

---

[1] Plottke bei Holdheim Bd. 10, 248.

Die neuen Aktienrechte, welche infolge der Eintragung des Beschlusses über die durchgeführte Erhöhung zur Entstehung gelangen, werden je nach der getroffenen Abrede auf die liquidierende Gesellschaft oder auf ihre einzelnen Aktionäre nach Verhältnis ihres Aktienbesitzes übertragen und die Aktienurkunden darüber ausgehändigt. Hat der Liquidator die Aufteilung unter die Aktionäre vorzunehmen, so ist er es, der eventuell das Verfahren nach § 290 durchzuführen hat. Sind die Aktien abredegemäß an die Aktionäre direkt zu gewähren, so hat der Vorstand der übernehmenden Gesellschaft nach § 290 zu verfahren, wenn die Sachlage es nötig macht.

Sogleich nachdem die Generalversammlung der übertragenden Gesellschaft den Fusionsvertrag genehmigt hat, was ja die Auflösung der Gesellschaft bewirkt, hat der Vorstand für die Bestellung eines Liquidators zu sorgen, wenn ein solcher nicht schon vorhanden ist, und die Anmeldung der Auflösung der Gesellschaft sowie der Person des Liquidators zu bewirken. Die Auflösung selbst, nicht ihr Grund ist anzumelden (§ 293). Ist die Gesellschaft aus anderen Gründen bereits aufgelöst, so bedarf es einer besonderen Anmeldung des Genehmigungsbeschlusses nicht.

Nach Befriedigung oder Sicherstellung der Gläubiger, nach Durchführung der Verteilung der neuen Aktien und nach der Ausantwortung des Vermögens der übertragenden Gesellschaft an die übernehmende, also nach völliger Durchführung der Liquidation hat der Liquidator das Erlöschen der Firma der übertragenden Gesellschaft nach § 302 zum Handelsregister anzumelden, wenn dieselbe nicht auf die übernehmende Gesellschaft übergegangen ist, was an sich zulässig ist, aber auf seiten der übernehmenden Gesellschaft natürlich eine Statutenänderung nötig macht. Im Falle des Überganges ist dieser anzumelden.

Während des Laufes des Sperrjahres hat der Liquidator das zu übernehmende Vermögen liquidationsmäßig zu verwalten. Es gelten hierfür sowie für den Übergang der Schulden die oben im Falle des § 303 entwickelten Grundsätze.

Was die Tätigkeit des Registerrichters betrifft, so hat derjenige Registerrichter, der die Auflösung der übertragenden Gesellschaft einzutragen hat, lediglich das Vorliegen des Beschlusses der Generalversammlung dieser Gesellschaft betreffend die Zustimmung zum Fusionsvertrage zu prüfen, dessen Folge in jedem Falle die Auflösung der Gesellschaft ist. Der Registerrichter, der auf seiten der übernehmenden Gesellschaft den Beschluß auf Kapitalserhöhung einzutragen hat, hat lediglich das Vorliegen des betreffenden Beschlusses der Generalversammlung der übernehmenden Gesellschaft zu prüfen. Ob diesem Beschluß ein wirksamer Verschmelzungsvertrag entspricht und zugrunde liegt, kann er nicht oder wenigstens nicht immer prüfen, da aus den dargelegten Gründen dieser Vertrag entweder bedingt oder nach Eintragung des Erhöhungsbeschlusses geschlossen werden wird. Seine Prüfung kann sich deshalb auf diesen Vertrag nicht beziehen.

Wenn der Registerrichter die Durchführung der Kapitalserhöhung einzutragen hat, so sind ihm nach § 305 Abs. 2 der Fusionsvertrag und der Genehmigungsbeschluß der übertragenden Gesellschaft vorzulegen. Ob dieser Beschluß auf seiten der übertragenden Gesellschaft ins Handelsregister eingetragen ist, das ist nicht zu prüfen, da die Wirksamkeit des Beschlusses und Vertrages hier von der Eintragung unabhängig ist und die Durchführung der Erhöhung im Falle des § 305 sich einerseits durch Ausantwortung der Vermögensstücke der übertragenden Gesellschaft an die übernehmende, andererseits durch Aktienumtausch oder Aktienzuteilung seitens der übernehmenden an die übertragende Gesellschaft oder deren Aktionäre vollzieht.

Der Grundbuchrichter endlich, der zugunsten der übernehmenden Gesellschaft bei der Übertragung einzelner Vermögensstücke durch Grundbucheintragungen mitzuwirken hat, bedarf lediglich der Willenserklärung des Liquidators und des Vorstandes der übernehmenden Gesellschaft (Auflassung, Abtretung) im Falle des § 305. Um den Fusionsvertrag und die Handelsregistereintragung braucht er sich nicht zu kümmern. Nur bei Auflassungen wird dem Grundbuchrichter der mit

dem Genehmigungsbeschluß versehene Fusionsvertrag nebst
dem Registerauszug betreffend die Eintragung des Erhöhungsbeschlusses vorzulegen sein, weil diese Urkunden die rechtliche Grundlage für die Auflassung darstellen und ohne deren
Vorlegung in verstempelter Form der Auflassungsstempel
gemäß Tarifstelle 8 des Preußischen Stempelgesetzes zur
Hebung kommen würde.

§ 16.
Die eigentliche Fusion (§ 306).

Im Falle des § 305, also, wenn die eine Gesellschaft ihr
Vermögen im Ganzen an die andere gegen Gewährung lediglich von Aktien derselben veräußert, kann vereinbart werden,
daß eine Liquidation des Vermögens der aufgelösten Gesellschaft nicht stattfinden soll. In allen anderen Fällen ist also
eine solche Vereinbarung nicht zulässig, abgesehen von dem
schon behandelten Falle des § 304.

Alsdann sollen nach § 306 Abs. 1 die Vorschriften des
§ 304 „entsprechende" Anwendung finden. Wie sich diese
„entsprechende" Anwendung aber gestaltet, ist vielfach be-
stritten und bedarf näherer Erörterung.

Zunächst ist allgemein angenommen, daß die Vereinbarung
auf Ausschluß der Liquidation ebenso wie im Falle des § 304
entweder gleichzeitig mit dem Veräußerungsvertrage getroffen
werden kann oder besonders und später als dieser, daß das
gesamte in § 306 gedachte Abkommen auch von einer bereits
in Liquidation befindlichen veräußernden Gesellschaft geschlossen werden darf, daß die Vereinbarung allein über den
Ausschluß der Liquidation der gerichtlichen oder notariellen
Form nicht bedarf, daß die schriftliche Form dafür genügt, ja,
daß es nicht einmal wortausdrücklich stipuliert zu sein braucht,
sondern aus der getroffenen schriftlichen Abmachung auch
durch Interpretation festgestellt werden kann[1]. Es ist ferner
ohne weiteres klar, daß der Vorstand der übertragenden Gesell-

---

[1] RG. 77, 271. Brandt Nr. 1 zu § 306.

schaft es ohne Zustimmung seiner Generalversammlung mit qualifizierter Majorität nicht treffen kann und endlich, daß es einer Genehmigung durch die Generalversammlung der übernehmenden Gesellschaft, abgesehen von dem Spezialfall des § 207, nicht bedarf. Insoweit finden die Ausführungen zu § 304 in § 9 unmittelbar auf den Fall des § 306 Anwendung.

Sonst aber lassen sich die Vorschriften des § 304 hier nur mit erheblichen Modifikationen anwenden.

Nach § 304 tritt erst mit der Eintragung des das Liquidationsausschlußabkommen genehmigenden Beschlusses der Generalversammlung der übertragenden Gesellschaft die gewollte Wirkung, und zwar unmittelbar ein: Der Übergang des Vermögens (durch Gesamtrechtsnachfolge) gilt hiermit als erfolgt, die Firma ist erloschen. Vor dieser Eintragung hat der Beschluß der Generalversammlung keine Wirkung. Die geschlossenen Abkommen (Veräußerungsvertrag und Liquidationsausschluß) sind gleichfalls unwirksam. Im Falle des § 306 aber muß ja der Eintragung des Liquidationsausschlusses und des Beschlusses über dessen Genehmigung zunächst die Erhöhung des Grundkapitals der übernehmenden Gesellschaft vorausgehen, wie wir gesehen haben, weil sonst § 283 Abs. 2 den Abschluß des Veräußerungsvertrages unwirksam macht. Der Registerrichter kann, wie Brandt Anm. 3e zu § 306 gegen Staub mit Recht ausführt, die Eintragung gemäß § 304 Abs. 3—4 im Falle des § 306 nicht eher vornehmen, als bis ihm die Eintragung des Erhöhungsbeschlusses nachgewiesen ist. Er würde anderenfalls einen noch nicht gültig zustande gekommenen Rechtsakt buchen und damit die Folge des Übergangs des Vermögens herbeiführen, obwohl möglicherweise die übernehmende Gesellschaft die Kapitalserhöhung ablehnt und damit die Fusion vereitelt.

Schon hieraus ergibt sich eine erhebliche Abweichung von dem Gang der Dinge in § 304.

Man wird aber noch weiter gehen und der Eintragung des genehmigten Abkommens über den Liquidationsausschluß im Falle des § 306 die Wirkungen des § 304 Abs. 5 nicht unmittelbar beilegen können. Im Falle des § 306 sind die sonst

eintretenden Wirkungen des Liquidationsausschlusses und seiner
Eintragung erheblich erweitert: Übergang des Vermögens, Untergang, nicht bloß Auflösung der übertragenden Gesellschaft, Erlöschen der Aktienrechte in ihr, Neuschaffung von Aktienrechten
für ihre Aktionäre in der übernehmenden Gesellschaft, Erlöschen der alten Firma — alles soll sich mit einem Schlage,
gewissermaßen automatisch vollziehen, insbesondere der Austausch der Aktienbeteiligungen. Da die alten Aktienrechte infolge Unterganges der übertragenden Gesellschaft verschwinden,
müssen unmittelbar an ihre Stelle die neuen Aktienberechtigungen treten. Der Umtausch vollzieht sich nicht etwa so,
daß die übernehmende Gesellschaft die neuen Aktienrechte
erst schafft und dann überträgt. Vielmehr gelten auch für
eine Kapitals e r h ö h u n g die Grundsätze, die das Reichsgericht im Plenarbeschluß Bd. 31 S. 21 für die Schaffung der
Aktienrechte bei der G r ü n d u n g der Gesellschaft unter all-
gemeiner Billigung ausgesprochen hat: Der Vorgang sei nicht
so aufzufassen, als verspreche der einzelne Gründer der Gesellschaft seine Einlage und erhalte dagegen von derselben
die in der Aktie verkörperten Aktionärrechte zugesichert oder
übertragen, Einlage und Aktien seien nicht Gegenleistungen,
vielmehr würden durch das Zusammenbringen der Einlagen
das Grundkapital der Aktiengesellschaft und diese selbst als
eine die Einlagen zusammenfassende Einheit geschaffen, so
daß hiermit zugleich die Aktionärrechte der Gründer zur Entstehung gelangten, ohne welche die Aktiengesellschaft gar
nicht gedacht werden könne. Die Aktiengesellschaft besitze
nicht etwa neben dem Eigentum an dem von den Gründern
zusammengebrachten Vermögen noch das Eigentum an den
Aktien, das sie dann an die Aktionäre übertrage. Vielmehr
gehörten die Aktien als Träger der Aktionärrechte von ihrer
Entstehung an der Gesamtheit der Gründer und jeder von
ihnen erhalte mit den ihm zugeteilten Aktien nicht neue, bis
dahin im Eigentum eines Dritten befindlich gewesene Ver-
mögensgegenstände, sondern Urkunden über seine bereits bestehenden Aktionärrechte, durch welche diese letzteren indivi-
dualisiert und verkehrsfähig gemacht würden.

Auch bei der Kapitalserhöhung werden unter Mitwirkung der schon bestehenden Aktiengesellschaft mit der erfolgten Erhöhung neue Aktionnärrechte für diejenigen geschaffen, die das erhöhte Kapital übernommen haben.

Auf den Fall des § 306 angewandt, ergibt sich hieraus, daß die beabsichtigte Wirkung der Transaktion erst dann ein- treten kann, wenn die durchgeführte Erhöhung zum Handels- register angemeldet und in dasselbe eingetragen ist. Mit dieser Eintragung erst sind die neuen Aktienrechte geschaffen, deren es bedarf, um die untergehenden Aktienrechte sofort zu ersetzen (§ 287 und Staub Anm. 5 dazu). Die Wirkung also, welche im § 304 Abs. 5 der in Abs. 4 erwähnten Ein- tragung beigelegt ist, kann im Falle des § 306 nicht die Folge dieser Eintragung, sondern erst die Folge der Eintragung der durchgeführten Kapitalserhöhung sein. Die in Abs. 5 § 304 vorgesehenen Wirkungen verschieben sich also zeitlich im Falle des § 306 auf einen späteren Moment, den der Eintragung der durchgeführten Kapitalserhöhung[1].

Die vorher erfolgte Eintragung des Beschlusses der Generalversammlung hat im übrigen die Wirkung, daß die geschlossenen Verträge für die Kontrahenten bindend sind und sie zur Durchführung der sonst nötigen Maßnahmen ver- pflichten. Nur die automatischen Wirkungen der Eintragungen gemäß § 304 Abs. 5 erleiden einen Aufschub.

Hiernach sind zur Durchführung der eigentlichen Fusion folgende Maßnahmen zu treffen:

1. Auf seiten der übernehmenden Gesellschaft:
    a) der Kapitalserhöhungsbeschluß ihrer Generalversamm- lung, und zwar mit den Erleichterungen, die § 305 anordnet;
    b) Anmeldung und Eintragung derselben;
    c) Anmeldung und Eintragung der durchgeführten Er- höhung.

---

[1] Lehmann-Ring Nr. 4. Goldmann Nr. 6, Brandt Anm. 5 a zu § 306 KG. Bd. 23, 207; Bd. 38, 232, RG. 67, 202.

2. Beiderseitig:
   a) Abschluß des Veräußerungsvertrages durch die Vor-
      stände;
   b) Abschluß des Vertrages auf Liquidationsausschluß
      durch die Vorstände.
3. Auf seiten der übertragenden Gesellschaft:
   a) Genehmigung der Generalversammlung betreffend den
      Fusionsvertrag;
   b) Genehmigung derselben betreffend das Liquidations-
      ausschlußabkommen;
   c) Anmeldung der Beschlüsse zu a und b nebst der
      Auflösung der Gesellschaft und der Bezeichnung der
      Liquidatoren, sowie Eintragung dieser Anmeldung.

Die Reihenfolge, in welcher diese einzelnen Schritte
zweckmäßig aufeinander zu folgen haben, ergibt sich aus den
bisherigen Darlegungen. Die Erhöhung zu 1 a und die Eintragung zu 1 b müssen jedenfalls dem Beschluß zu 3 a vorausgehen (§ 283 Abs. 2). Der Fusionsvertrag kann n a c h der
Eintragung des Kapitalserhöhungsbeschlusses geschlossen und
genehmigt werden. Denn der Kapitalserhöhungsbeschluß
braucht nur inhaltlich die Essentialien des Fusionsvertrages
gemäß § 279 anzugeben. Die letzte aller dieser Maßnahmen
wird die zu 1 c genannte sein müssen. Etwaige Schwierigkeiten lassen sich durch den Abschluß entsprechend bedingter
Verträge oder durch bedingte Beschlüsse der Generalversammlung oder durch Zerteilung des Vertrages in Angebot und
Annahme leicht beheben, wie dies oben dargelegt ist.

Dem dargelegten rechtlichen Zusammenhange entspricht
ferner im Falle des § 306 eine etwas geänderte Stellung der
in Betracht kommenden richterlichen Beamten bei der Prüfung
der Unterlagen.

Der Registerrichter, der den Beschluß der Generalversammlung auf Genehmigung des Liquidationsausschlusses
gemäß § 304 Abs. 3 und 4 einzutragen hat, hat außer dem
Vorliegen des Beschlusses selbst noch festzustellen, ob ein
Erhöhungsbeschluß auf seiten der übernehmenden Gesellschaft
ins Register eingetragen ist. Denn der ihm nach § 304 Abs. 3

beizubringende Veräußerungsvertrag wird wegen § 283 Abs. 3 für die übernehmende Gesellschaft erst wirksam, wenn die erfolgte Erhöhung des Grundkapitals vorher eingetragen ist. Der Registerrichter, der den Beschluß auf Erhöhung einzutragen hat, hat nur das Vorhandensein des Veräußerungsvertrages und dessen gehörige Genehmigung durch die Generalversammlung, nicht aber die Eintragung dieses Beschlusses zu prüfen. Der Beschluß, das Kapital zu erhöhen, wird ja jedenfalls durch Eintragung wirksam, ohne daß es darauf ankommt, ob auf die beschlossene Erhöhung Zeichnungen eingehen werden oder nicht. Der Erhöhungsbeschluß muß nur den Erfordernissen des § 279 entsprechen, also die Essentialien des beabsichtigten Veräußerungsvertrages enthalten.

Der Registerrichter, der im Falle des § 306 die erfolgte Erhöhung des Grundkapitals einzutragen hat, hat außer dem Vorliegen des Fusionsvertrages und des Genehmigungsbeschlusses der Generalversammlung der übertragenden Gesellschaft, die § 305 Abs. 2 vorschreibt, auch noch zu prüfen, ob die Eintragung dieses Genehmigungsbeschlusses erfolgt ist, der sich auf die Veräußerung und den Liquidationsausschluß zu beziehen hat. Denn die Wirksamkeit dieses Beschlusses und damit die Gültigkeit des getroffenen Abkommens ist nach § 304 Abs. 4 bedingt durch dessen Eintragung. Die Erhöhung ist erst durchgeführt und kann als solche erst eingetragen werden, wenn sich auf Grund rechtwirksamer Übernahmeerklärung die ganze beabsichtigte Transaktion vollzogen hat.

Der Grundbuchrichter, der auf Grund lediglich der Vorgänge des § 304 eine Grundbuchberichtigung vorzunehmen hat, hätte nur zu prüfen, ob die Eintragung des Genehmigungsbeschlusses auch seitens der übertragenden Gesellschaft erfolgt ist. Der Grundbuchrichter, der eine solche Berichtigung auf Grund der Vorgänge des § 306 vorzunehmen hat, hat nur zu prüfen, ob die Eintragung der durchgeführten Kapitalserhöhung, und zwar auf Grund des Fusionsvertrages und dessen Genehmigung erfolgt ist. Die Frage, ob der Genehmigungsbeschluß der Generalversammlung der über-

tragenden Gesellschaft eingetragen ist, unterliegt dagegen
seiner Prüfung nicht mehr, weil diese Prüfung bereits vom
Registerrichter vorgenommen sein muß, der die erfolgte
Kapitalserhöhung eingetragen hat. Auch die Einsicht des
Fusionsvertrages und seiner Genehmigung ist hier für den
Grundbuchrichter nur erforderlich, um zu erkennen, ob die
vorzunehmende konkrete Grundbuchberichtigung von der durchgeführten qualifizierten Kapitalserhöhung und der dadurch be-
wirkten Gesamtrechtsnachfolge überhaupt betroffen wird.

Die Wirkung der beabsichtigten Verschmelzung tritt, wie
gesagt, mit der Eintragung der d u r c h g e f ü h r t e n Erhöhung
ein. Von diesem Zeitpunkt an können also die bisherigen
Aktionäre der gleichzeitig untergegangenen übertragenden Gesellschaft ihre Zulassung als berechtigte Aktionäre der übernehmenden fordern und die Aushändigung der entsprechenden
Aktienurkunden verlangen. Der Vorstand der übernehmenden
Gesellschaft hat die Zuteilung der Aktien zu bewirken und
eventuell das Verfahren nach § 290 durchzuführen. Die
Aktionäre, welche infolge dieser Durchführung Geld zu fordern
haben, werden Gläubiger der übernehmenden Gesellschaft.
Von dem genannten Zeitpunkt an wird die übernehmende
Gesellschaft, und zwar durch Universalsukzession Eigentümerin des gesamten Vermögens der übertragenden, ohne
daß es einer Übergabe, Auflassung, Zession oder eines sonstigen
dinglichen Übertragungsaktes bedarf. Es greifen die oben bei
Besprechung des § 304 entwickelten Grundsätze Platz.

§ 17.
Konkursrechtliches.

1. Der Konkursverwalter selber kann an sich das Vermögen
einer AG. oder AKG. im Ganzen veräußern. Aber ein von
ihm abgeschlossener Vertrag dieses Inhalts untersteht nicht
den Regeln des § 303. Der Konkursverwalter ist nicht
Organ der Gesellschaft, sondern öffentlicher Funktionär, der
nicht im Interesse der Aktionäre, sondern im Interesse der

Gläubiger liquidiert, der nur die Verteilung des Liquidations-
erlöses an die Gläubiger, nicht die Verteilung des Liquidations-
überschusses an die Aktionäre zu besorgen hat, dessen Befugnisse vielmehr erlöschen und auf einen Liquidator übergehen, sobald die Gläubiger wegen ihrer Forderung aus der
Masse befriedigt sind oder sich für befriedigt erklärt haben.
Bis dahin sind allerdings die Befugnisse des Konkursverwalters
unbeschränkter als die eines Liquidators oder des Vorstandes
der Gesellschaft. Er kann die Konkursmasse auch so verwerten, daß er sie im Ganzen veräußert (§ 134 KO.), ohne an
die Zustimmung der Generalversammlung gebunden zu sein.
Er hat zwar nach § 134 KO. die Genehmigung des Gläubiger-
ausschusses oder der Gläubigerversammlung zu solcher Totalveräußerung einzuholen, aber dem Erwerber gegenüber ist
nach § 136 KO. die Gültigkeit des Vertrages von dieser Genehmigung nicht abhängig.

Mit der Konkurseröffnung geht die Verfügung über das
einer Zwangsvollstreckung unterliegende Vermögen der Gesellschaft auf den Konkursverwalter über und der Vorstand
oder Liquidator kann den Vertrag aus § 303 nicht mehr abschließen (§ 6 KO.). Ist bis dahin nicht alles zum Abschluß
Erforderliche eingetreten, hat also die Generalversammlung
den in notarieller oder gerichtlicher Form geschlossenen Veräußerungsvertrag nicht genehmigt, und der Vorstand oder
Liquidator dem Erwerber von dieser erfolgten Genehmigung
nicht Mitteilung gemacht, so ist nunmehr der Abschluß mit
ihm unmöglich.

Ist er vorher abgeschlossen gewesen, so greifen für die
Frage seiner Erfüllung die §§ 17, 26 KO. Platz. Denn bis
zur Ausantwortung des Vermögens der Gesellschaft an den
Erwerber ist der Konkurs noch möglich [1]. Ist das Vermögen
ausgeantwortet, so müssen nach §§ 297, 301 HGB. die
Gläubiger ja bereits befriedigt sein. Finden sich nach der
Ausantwortung noch Gläubiger, weil man sie nicht gekannt
hat oder weil Vorstand oder Liquidator pflichtwidrig ge-

---

[1] Jäger Anm. 2 zu § 207 KO.

gehandelt und die Verteilung an Aktionäre vorgenommen
haben, bevor die Gläubiger befriedigt waren, so ist auch dann
noch die Eröffnung des Gesellschaftskonkurses möglich. Aber
auf das abgeschlossene und beiderseits erfüllte Rechtsgeschäft
aus § 303 hat dieser Konkurs keinen Einfluß mehr.

2. Im Falle des § 304 hängt die Wirksamkeit des Vertrages betreffend den Ausschluß der Liquidation von der Eintragung des Generalversammlungsbeschlusses ins Handelsregister ab. Ist diese erfolgt, so ist die Gesellschaft untergegangen, ihre Firma erloschen. Nur bis dahin ist also ein
Konkurs über die Gesellschaft möglich.

Der Konkursverwalter selbst kann ebensowenig wie im
Falle des § 303 den Vertrag auf Veräußerung des Vermögens
der Gesellschaft im Ganzen an den Fiskus zugleich mit der
Vereinbarung des Ausschlusses der Liquidation abschließen.

In Frage aber kann sein, ob der Konkursverwalter, nachdem zunächst vor Ausbruch des Konkurses ein Vertrag mit
dem Fiskus gemäß § 303, also ohne Ausschluß der Liquidation
wirksam abgeschlossen war, nachher noch den Vertrag betreffend Ausschluß der Liquidation mit dem Erwerber ver-
einbaren kann, wobei vorausgesetzt wird, daß der Verwalter den früher abgeschlossenen Vertrag gemäß § 303 erfüllen zu wollen erklärt hat.

Die Frage wird verneint werden müssen. Im Konkurse
soll der Verwalter im Interesse der Gläubiger das Aktivvermögen versilbern und den Erlös an die Gläubiger nach
den Grundsätzen der Konkursordnung verteilen. Der Abschluß des Vertrages auf Ausschluß der Liquidation gemäß
§ 304 bezweckt die Überführung des gesamten Vermögens
(Aktiva und Passiva) auf den erwerbenden Fiskus, dergestalt,
daß letzterer an Stelle der schwindenden Gesellschaft Schuldner
wird. Die Vereinbarung aus § 304 hat also nicht die un-
mittelbare Befriedigung der Gläubiger im Konkursverfahren
und durch den Konkursverwalter zur Folge, sondern gibt
ihnen nur einen anderen Schuldner unter gleichzeitiger Vernichtung ihres bisherigen Schuldners. Diese Funktion des
§ 304 aber widerspricht dem Konkurszweck, der auf Be-

friedigung der Gläubiger geht, soweit die Masse reicht und aus ihr. Der Konkursverwalter, der eine Vereinbarung aus § 304 auf Ausschluß der Liquidation eintragen lassen wollte, würde zugleich die Gesellschaft, deren Masse er verwaltet, beseitigen und damit sich selbst in seiner Funktion als Konkursverwalter, aber bevor eine Befriedigung der Gläubiger eingetreten ist. Dazu ist er nicht befugt.

3. Im Falle des § 305 müssen dieselben Grundsätze gelten wie zu 1, im Falle des § 306 dieselben wie zu 2.

§ 18.
Gläubigerschutz.

Im Falle der §§ 303 und 305 greifen die gewöhnlichen Vorschriften Platz, welche das Gesetz für den Fall einer jeden Liquidation einer AG. aufgestellt hat, die §§ 297 und 301 (vgl. Abs. 3 § 303). Der Liquidator der übertragenden Gesellschaft hat also die Gläubiger unter Hinweis auf die Auflösung der Gesellschaft dreimal in den Gesellschaftsblättern zur Anmeldung ihrer Ansprüche aufzufordern und darf das Vermögen der Gesellschaft unter die Aktionäre erst zur Verteilung bringen, nachdem ein Jahr seit der letzten Aufforderung verstrichen ist. Die Gläubiger sind nach Maßgabe des § 301 zu befriedigen oder durch Hinterlegung oder sonst sicher zu stellen. Ein näheres Eingehen auf die vielfachen hierbei aufgetauchten Zweifelsfragen würde über den Rahmen dieser Erörterung hinausgehen. Nur das eine sei hier wiederholt, daß vor Ablauf des in § 301 bestimmten Zeitraums, des sogenannten Sperrjahres, hier auch nicht die Ausantwortung des Vermögens der Gesellschaft an den Erwerber erfolgen darf.

Im Falle des § 304 hat das Gesetz mit Rücksicht auf die Person und finanzielle Zuverlässigkeit des Erwerbers von jedem Gläubigerschutz abgesehen.

Eigentümlich hat der Gesetzgeber den Gläubigerschutz im Falle des § 306 gestaltet.

Das Vermögen der untergehenden Gesellschaft geht zwar

hier auf die übernehmende sofort und ohne Liquidation über;
letztere wird Eigentümerin desselben und Schuldnerin auch
der Gläubiger der untergegangenen Gesellschaft durch Universalrechtsnachfolge. Damit aber den Gläubigern der untergehenden Gesellschaft das Objekt, aus dem sie bisher Befriedigung erhoffen konnten, nicht verloren gehe, ist angeordnet, daß bis zum Ablauf des Sperrjahres das übergegangene Vermögen von der übernehmenden Gesellschaft
getrennt von deren bisherigem Vermögen verwaltet werden
soll und daß bis dahin d. h. bis zur Vereinigung beider Vermögen in der Verwaltung der übernehmenden Gesellschaft
dieses Vermögen der untergegangenen Gesellschaft, obwohl
es Eigentum der Übernehmerin geworden ist, noch als Vermögen der aufgelösten Gesellschaft „gelten" soll, jedoch nur
„im Verhältnisse der Gläubiger der aufgelösten Gesellschaft
zu der übernehmenden Gesellschaft und deren übrigen
Gläubigern".

In gewisser Beziehung wird also die aufgelöste und untergegangene Gesellschaft noch als fortbestehend fingiert („gilt")
und ihr bisheriges Vermögen zum Zwecke der Durchführung
dieser Fiktion tatsächlich als Einheit durch die angeordnete
getrennte Verwaltung zusammengehalten. Diese Fiktion soll
aber nur so weit wirken, als eine Konkurrenz von Gläubigern
der aufgelösten Gesellschaft mit den Gläubigern der übernehmenden und mit dieser selbst in Frage steht. Die bisherigen Gläubiger der untergehenden Gesellschaft, die ja ohne
Stimmrecht und ohne Einfluß auf die Fusion sind, sollen durch
die Fusion nicht schlechter gestellt werden als sie es bis
dahin waren; sie sollen auf die bisher zu ihrer Befriedigung
bereiten Vermögensobjekte auch ferner Zugriff haben, ohne
die Konkurrenz anderer Gläubiger der Übernehmerin fürchten
zu müssen. Nur soweit dieser Zweck in Frage steht, reicht
die Wirkung der Fiktion. Dieselbe hat also nicht zur Folge,
daß der Organismus der aufgelösten Gesellschaft oder daß
ihre Organe noch fortbestehen. Die übernehmende Gesellschaft wird vielmehr sofort Eigentümerin des übernommenen
Vermögens und ihre Organe allein haben darüber zu ver-

fügen. Zur Wahrung der Vorzugsrechte der Gläubiger der
aufgelösten Gesellschaft hält das Gesetz es für ausreichend,
daß die getrennte Verwaltung angeordnet ist, und daß die
Organe der übernehmenden Gesellschaft, Vorstand und Aufsichtsrat, den Gläubigern der aufgelösten Gesellschaft für die
Durchführung der Verwaltungstrennung verantwortlich sind,
die Mitglieder des Aufsichtsrats nur, soweit die Trennung
mit ihrem Wissen und ohne ihr Einschreiten aufgehoben
worden ist[1].

Soweit es sich um Zugriffe der übrigen Gläubiger der
übernehmenden Gesellschaft auf das getrennt verwaltete Vermögen außerhalb eines Konkurses handelt, gleichgültig, ob
deren Forderungen vor oder nach der Verschmelzung entstanden sind, kommt zugunsten der bisherigen Gläubiger
der untergegangenen Gesellschaft der § 771 ZPO. zur Anwendung[2]. Letztere können solche Beeinträchtigungen ihrer
Sonderrechte nach dieser Bestimmung abwehren. Die Gläubiger der untergegangenen Gesellschaft allein haben dies
Recht, weil durch den Zugriff nur ihr Recht verkürzt wird.
Die übernehmende Gesellschaft selbst hat einen Klageanspruch
aus § 771 ZPO. nicht, weil sie ein Sonderrecht ihren
Gläubigern gegenüber nicht besitzt; ihre Organe vertreten
auch die mit dem Sonderrecht ausgestatteten Gläubiger der
untergegangenen Gesellschaft als solche nicht. Allein es gehört zur Durchführung der getrennten Verwaltung, also zu
den Pflichten des Vorstandes und Aufsichtsrats, den Gläubigern
der untergegangenen Gesellschaft von einer Beeinträchtigung
ihres Sonderrechts durch Zugriffe anderer Gläubiger Kenntnis

---

[1] Diese Fiktion des Fortbestehens der Gesellschaft im Interesse
ihrer Gläubiger greift trotz der Prüfung durch die Aufsichtsbehörde
gemäß § 14 des Privatversicherungsgesetzes vom 12. Mai 1901 mit
allen ihren Konsequenzen auch für Versicherungsaktiengesellschaften
Platz. RG. Bd. 72 Nr. 4 Gruchot 53, 703; Lehmann-Ring Nr. 7
zu § 306.

[2] Staub, Anm. 19 zu § 306 9. Aufl. gegen die 6. und 7. Aufl.
Ebenso Goldmann Anm. 10 zu § 306; Brandt Nr. 6caa zu § 306;
Anders Jäger Anm. 21 zu § 207 KO.

zu geben; Vorstand und Aufsichtsrat machen sich durch
Unterlassung gemäß § 306 Abs. 6 den beschädigten Gläubigern
regreßpflichtig.

Die Gläubiger der übernehmenden Gesellschaft, die
früheren und die späteren, können die Gläubiger der untergegangenen Gesellschaft dagegen nicht auf das übernommene
Vermögen verweisen, weil die Vorschrift des § 306 zugunsten der letzterwähnten Gläubiger gegeben ist und
nicht zu ihren Ungunsten Anwendung finden kann. Auch
die Gläubiger der untergegangenen Gesellschaft haben unbeschränkten Zugriff auf das übrige Vermögen der übernehmenden, weil diese ja durch Universalrechtsnachfolge ihre
Schuldnerin geworden ist.

Komplizierter gestaltet sich die Rechtslage im Falle eines
Konkurses der übernehmenden Gesellschaft, der bis zur Beendigung der getrennten Verwaltung ausbricht. Hier führt
die Durchführung der in § 306 Abs. 4 angeordneten Fiktion
zu folgenden Resultaten:

1. Der Konkurs der Übernehmerin ergreift das gesamte
Vermögen derselben, also auch das übernommene.

2. Das den Gläubigern der untergegangenen Gesellschaft
gewährte Recht des vorzugsweisen Zugriffs auf das übertragene Vermögen ist nicht als Absonderungsrecht im Sinne
der §§ 47 ff. KO. anzusehen, sondern als ein Aussonderungsrecht gemäß § 43 ff. KO. Es steht den bevorzugten Gläubigern
ein dinglicher Anspruch an den übernommenen, im Eigentum
der Kridarin, nämlich der übernehmenden Gesellschaft,
stehenden Vermögensstücken nicht zu. Das ist aber die un-
erläßliche Voraussetzung eines Absonderungsrechts nach
§ 57 ff. KO. Freilich sind auch die Grundsätze der Konkursordnung über die Aussonderung nur so weit anwendbar, als
es der Zweck der Fiktion, Schutz der Gläubiger der untergegangenen Gesellschaft erfordert. Sind diese Gläubiger aus
dem Sondervermögen befriedigt und verbleibt ein Überschuß,
so gebührt dieser nicht, wie sonst bei der Aussonderung, den
Aussonderungsberechtigten, sondern der Konkursmasse der
übernehmenden Gesellschaft. Nicht zutreffend aber ist es,

wenn Jäger Anm. 21 zu § 207 KO. aus diesem an sich richtigen Satze den Schluß auf das Vorhandensein eines Ab· sonderungsrechts zieht. Es folgt vielmehr daraus nur, daß die Grundsätze der Konkursordnung über Aussonderung nicht rein und vollständig, sondern nur entsprechend anzuwenden sind, wie es eben der beschränkte Zweck der Fiktion mit sich bringt. Es ist denn auch die Annahme eines Aussonderungsrechtes jetzt die ziemlich allgemeine Meinung[1].

3. Hiermit im engsten Zusammenhange steht die Frage, ob die Gläubiger der untergegangenen Gesellschaft im Konkurse der Übernehmerin, wenn sie aus dem getrennt verwalteten Vermögen nicht volle Befriedigung erhalten, sich nur wegen des Ausfalls gemäß § 64 KO. an das restliche Vermögen der Übernehmerin halten können, so wie im Falle eines Absonderungsrechtes, oder ob sie ihre gesamte Forderung gemäß § 68 KO. zur Konkursmasse anmelden und an dem Rest des Vermögens der Übernehmerin mit dieser gesamten Forderung bis zu ihrer Befriedigung teilnehmen können, als hafteten ihnen mehrere Personen als Gesamtschuldner.

Jäger a. a. O. nimmt in Konsequenz seiner oben wiedergegebenen Auffassung nur Ausfallshaftung an. Aber gerade hier wird die Fiktion des § 306, als existiere die untergegangene Gesellschaft noch, ihrem Zweck entsprechend zur Anwendung des § 68 KO. führen, es also so zu halten sein. als existierten zwei Gesamtschuldner. Daß dadurch ein unbilliges Resultat zuungunsten der übrigen Gläubiger der übernehmenden Gesellschaft herbeigeführt würde, wie Jäger annimmt, kann nicht zugegeben werden.

Die Heranziehung der Analogie des § 212 oder des § 234 KO. für die Ausfallshaftung im Fusionsfalle, die versucht worden ist[2], ist abzulehnen, weil hier Regeln für Spezialzwecke (Konkurs über das Vermögen eines persönlich haftenden Gesellschafters und der Gesellschaft, Konkurs über

---

[1] Staub 9. Aufl. Anm. 19 zu § 306 und die dort Zitierten.

[2] Wandschneider „Fusion“ S. 108 ff.; Makower § 306 III c 3; Lehmann·Ring Anm. 10 zu § 305.

das Vermögen der Erben und Nachlaßkonkurs) gegeben sind, die sich nicht wohl auf anders liegende Fälle beziehen lassen.

4. Im Konkursverfahren über das Vermögen der fusionierten Gesellschaft muß der Konkursverwalter das Aussonderungsrecht der Separatgläubiger respektieren. Dies Aussonderungsrecht kann von jedem dieser Gläubiger, aber auch von dem Vorstande der im Konkurs befindlichen Gesellschaft geltend gemacht werden. Die Organe der fusionierten Gesellschaft bestehen ja auch noch im Konkursstande und ihre Pflicht zur Aufrechterhaltung der Trennung beider Vermögensmassen dauert fort, soweit sie überhaupt noch etwas dazu tun können. Das ist aber möglich durch die Geltendmachung jenes Aussonderungsrechts.

Es tritt bezüglich des Separatvermögens Liquidation ein, wie mit Recht allgemein angenommen wird [1], aber nicht durch den Konkursverwalter, der ja die Separatgläubiger als solche nicht vertritt, sondern durch die Organe der übernehmenden Gesellschaft. Diese Liquidation vollzieht sich nach den analog anzuwendenden Grundsätzen in §§ 294—302 HGB. Ein Überschuß gebührt der Konkursmasse. Soweit die Gläubiger der untergegangenen Gesellschaft Befriedigung aus der Liquidationsmasse nicht erhalten haben, bleiben sie in Gemäßheit der Ausführung zu 3 an der Konkursmasse beteiligt.

Zur Stellung des Antrages auf Konkurseröffnung sind außer dem Vorstande der übernehmenden Gesellschaft alle Gläubiger, sowohl die mit dem Vorzugsrecht ausgestatteten, als die übrigen Gläubiger befugt. Bei dem Konkursgrunde der Vermögensunzulänglichkeit wird das Verhältnis der verschieden berechtigten Gläubiger zu den einzelnen Teilen des Vermögens der Gesellschaft zu berücksichtigen sein. Vermögensunzulänglichkeit liegt hier dann vor, wenn das übrige Aktivvermögen der Gesellschaft, das Vermögen nach Abzug des übernommenen Vermögens, die auf dieses übrige Vermögen angewiesenen Gläubiger nicht mehr deckt, also geringer

---

[1] Ziegler bei Holdheim S. 152; Lehmann-Ring Anm. 10 zu § 306; Makower § 306 III c 3.

ist als die Forderungen der „übrigen" Gläubiger u n d die
Forderungen der Gläubiger der untergegangenen Gesellschaft
zusammen, soweit letztere nicht Befriedigung aus dem übernommenen Vermögen erhalten.

Auf das Stimmrecht der Gläubiger der untergegangenen
Gesellschaft im Konkurse der übernehmenden hat ihr Vor-
recht aus § 306 keinen Einfluß. Der § 96 KO. kommt nicht
zur Anwendung. Ein Zwangsvergleich berührt ihre Rechte
aus dem ihnen gemäß § 306 zustehenden Vorzugsrechte nicht.

5. Es wird allgemein angenommen, daß neben dem Konkurse über das Gesamtvermögen der fusionierten Gesellschaft
noch ein besonderer, ein Separatkonkurs über das übernommene Vermögen der untergegangenen Gesellschaft zulässig, ja, daß letzterer auch allein und ohne Rücksicht auf
die Lage der übernehmenden Gesellschaft möglich ist, wenn
in einem wie in dem anderen Falle die Voraussetzungen
eines Konkurses für das Sondervermögen vorliegen[1]. Allein es
liegt für die Annahme der Zulässigkeit eines Sonderkonkurses
im letzgenannten Falle gar keine Veranlassung vor.

Denn handelt es sich für das Sondervermögen um den
Konkursgrund der Zahlungsunfähigkeit, so kann dieser, da
stets die übernehmende Gesellschaft als zahlungspflichtig in
Frage kommt, nur e i n h e i t l i c h für die Gesellschaft über
haupt vorliegen. Die Gesellschaft, die verpflichtet ist, die
Gläubiger der untergegangenen Gesellschaft aus ihren eigenen
Mitteln zu befriedigen, ist zahlungsunfähig, wenn sie diese
Verbindlichkeit, sei es aus dem übernommenen oder dem
übrigen Vermögen, nicht zu erfüllen vermag. Der Konkursgrund der Zahlungsunfähigkeit führt also stets zu dem Gesamtkonkurse, in welchem, wie zu 4 dargelegt, die vorzugs-
weise Befriedigung der bevorrechtigten Gläubiger aus dem
übernommenen Vermögen im Wege der Liquidation erfolgt.
Der Konkursgrund der Unzulänglichkeit des übernommenen

---

[1] *Staub Anm. 19 zu § 306; Ziegler bei Holdheim S. 150 ff.;*
J ä g e r Anm. 21 zu § 207 KO.; B r a n d t 6 c bb zu § 306; L e h m a n n-
R i n g Anm. 10 zu § 306; B e t t S. 80.

Vermögens führt aber, wenn es überhaupt zu einem Konkurse kommt, gleichfalls stets zum Gesamtkonkurse. Wenn die Gläubiger der untergegangenen Gesellschaft im Sperrjahr aus dem übernommenen Vermögen nicht volle Befriedigung finden oder erhoffen können, worüber sie allerdings zu wachen haben, so bleibt ihnen ja der Anspruch gegen die übernehmende Gesellschaft, die ihre Schuldnerin geworden ist. Liegt nach deren Verhältnissen im übrigen Vermögensunzulänglichkeit vor, d. h. übersteigen die Restforderungen der Separatgläubiger zusammen mit den übrigen Schulden der Gesellschaft deren Aktiva, so besteht eben Vermögensunzulänglichkeit als Grund für den Gesamtkonkurs, innerhalb dessen auch hier die Befriedigung der auf das übernommene Vermögen angewiesenen Gläubiger im Wege der Liquidation des Separatvermögens erfolgt, soweit dasselbe reicht.

Nur in dem erstgenannten Falle, also, wenn bereits der Gesamtkonkurs eröffnet ist, ist ein Sonderkonkurs über das Separatvermögen zugunsten der Gläubiger der untergegangenen Gesellschaft während des Sperrjahres möglich und auch hier nur aus dem Konkursgrunde der Vermögensunzulänglichkeit, nicht aus dem Grunde der Zahlungsunfähigkeit, wie sich aus obiger Darlegung ergibt. Er kann hier nur den Zweck haben, eine gleichmäßige Befriedigung der Separatgläubiger aus dem Separatvermögen zu gewährleisten. Diese g l e i c h m ä ß i g e Befriedigung der Separatgläubiger kann nur konkursmäßig erfolgen, nicht durch einen Liquidator. Der Liquidator des Saparatvermögens hat nur für gleichmäßige Beteiligung der A k t i o n ä r e zu sorgen (§ 300 Abs. 2 HGB.), nicht aber als Liquidator für gleichmäßige Befriedigung der G l ä u b i g e r.

Der Verwalter des Separatkonkurses hat denn auch die Aussonderungsrechte der Separatgläubiger gegen den Verwalter des Gesamtkonkurses, nötigenfalls durch Klage geltend zu machen, wie das Reichsgericht im Gruch, Bd. 59 S. 511 mit Recht annimmt.

Man wird auch darin dem Reichsgericht beipflichten müssen, daß dies Aussonderungsrecht nicht schon durch die tatsächliche Vereinigung der Vermögensmassen erlischt, sondern erst durch die e r l a u b t e tatsächliche Vereinigung, also durch eine unter Wahrung der Gläubigerschutzvorschriften erfolgte [1].

§ 19.
Getrennte Verwaltung.

Was unter „getrennter Verwaltung" zu verstehen, wie sie durchzuführen sei, ist im Gesetz nicht gesagt. Schon der Begriff der Verwaltung ist rechtlich schwer zu fassen. Man wird darunter alle Handlungen tatsächlicher und rechtlicher Natur zu verstehen haben, welche mit den einzelnen Stücken des verwalteten Vermögens vorzunehmen sind, um sie zur Erzielung von materiellem Gewinn in Gemäßheit des Ge- schäftsplanes des Eigentümers zu gebrauchen. Dahin gehört die sachgemäße Unterbringung und Aufbewahrung der be- weglichen Gegenstände, ihre Erhaltung in gutem Zustande, ihre Sicherstellung vor Gefahr des Unterganges oder wenigstens die Sicherung ihres Wertes vor solcher Gefahr; der Abschluß aller Verträge, die diesen Zwecken dienen, also von Miets- verträgen, Versicherungsverträgen. Dahin gehört ferner die Be- oder Verarbeitung und die Veräußerung der übernommenen Sachen, die Anschaffung von neuen, die an ihre Stelle treten, um den Bestand des Geschäftes im Ganzen zu erhalten, der Abschluß der dafür erforderlichen Kaufverträge, Dienst- und Werkverträge, der Abschluß von Dienstverträgen mit Gehilfen und Arbeitern, die Ausstellung und Diskontierung von Wechseln in handelsüblicher Art, die Einziehung von Forderungen und der Abschluß der dazu nötigen Verträge usw. Dazu gehört end- lich die kaufmännische Buchführung über alle diese Geschäfte.

Die Übernehmerin muß nun alle diese Tätigkeiten be- züglich des übernommenen Vermögens so einrichten, daß eine Unterscheidung zwischen ihrem bisherigen Vermögensbestande und dem neu übernommenen Vermögen, wozu auch dessen Surrogate beim Wechseln der einzelnen Bestandteile gehören, möglich ist. Dazu ist vor allen Dingen getrennte Buch- und

---

[1] RG. Bd. 84, 247.

Kassenführung, eigene Bilanz nebst Gewinn- und Verlust-
rechnung, besondere Inventarisierung und gesonderte Ab-
schreibung erforderlich, aber auch eine vollkommene, die
Unterscheidung sichernde körperliche Trennung der beiden
Vermögensmassen, wenn auch nicht gefordert werden darf,
daß die Trennung durch ein Auseinanderhalten in verschiedenen
Geschäftsräumen erfolgen müsse.

Die Trennung der Verwaltung dauert so lange, bis die
gesetzlichen Vertreter der Übernehmerin die Gläubiger der
untergegangenen Gesellschaft gemäß § 297 aufrufen, bis zur
Beendigung des Sperrjahres und bis zur Befriedigung oder
Sicherstellung der Gläubiger. Die übernehmende Gesellschaft
k a n n die Maßregeln, welche nach dem Gesetz die Vereinigung
der beiden Vermögensmassen vorbereiten sollen, jederzeit
veranlassen. Sie ist aber dazu nicht verpflichtet, wenn sie
die getrennte Verwaltung weiterführen will. Die Mitglieder
des Vorstandes sind den Gläubigern für die Durchführung der
getrennten Verwaltung dergestalt verantwortlich, daß sie ihnen
unmittelbar haften, wenn sie infolge der vorzeitigen Vereinigung der beiden Massen einen Schaden erleiden und auch die
Mitglieder des Aufsichtsrats haften ihnen in gleicher Weise,
wenn und soweit eine unzulässige Vereinigung der beiden
Massen mit ihrem Wissen und ohne ihr Einschreiten erfolgt
ist. Die Mitglieder beider Organe haften, soweit sie überhaupt haftbar sind, als Gesamtschuldner.

Die Fiktion, welche Abs. 4 § 306 zugunsten der Gläubiger
der untergegangenen Gesellschaft aufstellt, verleiht diesen
allerdings, wie Z i e g l e r bei Holdheim S. 176 mit Recht
hervorhebt, ein dingliches Recht an dem übernommenen Vermögen nicht. Bei einer Vermischung und Verbindung der
Vermögensstücke der übertragenden Gesellschaft mit dem der
übernehmenden im Sinne der §§ 946, 947, 948 BGB. gelten
deshalb lediglich diese Bestimmungen, ohne daß den Gläubigern
der übertragenden Gesellschaft an den durch die Veränderungen betroffenen Sachen ein Recht auf abgesonderte Befriedigung zusteht. Soweit nach diesen Vorschriften Mit-
eigentum entsteht, steht den Gläubigern der untergegangenen

Gesellschaft ein Recht auf abgesonderte Befriedigung nur
an der nach jenen Vorschriften der übertragenden Gesellschaft
zustehenden Miteigentumsquote zu. Hat die übernehmende
Gesellschaft, die ja den Betrieb fortführen soll, zu diesem
Zwecke übernommene Waren verarbeitet oder umgebildet
(§ 950 BGB.), so wird freilich im Sinne der Vorschrift des
§ 306 HGB. gegen das Aussonderungsrecht der Gläubiger der
untergegangenen Gesellschaft aus dem § 950 BGB. nichts zu
entnehmen, vielmehr anzunehmen sein, daß die verarbeitete
oder umgebildete Sache als Surrogat völlig an die Stelle der
ursprünglichen tritt.

Der Erlös von Gegenständen, die während der getrennten
Verwaltung die übernehmende Gesellschaft aus dem übernommenen Vermögen veräußert, was natürlich zulässig ist,
ja notwendig sein kann, muß wiederum dem getrennt verwalteten Vermögensbestande zugeführt werden. Gewinne der
getrennten Verwaltung können vor völliger Befriedigung der
Gläubiger der übertragenden Gesellschaft oder doch vor berechtigt vorgenommener Vereinigung der beiden Vermögensmassen an die Aktionäre nicht ausgezahlt werden, wenn nicht
die völlige Einflußlosigkeit solcher Dividendenzahlungen auf
Rechte der Gläubiger feststeht und nur dann, wenn die Mittel
zur Auszahlung des Gewinnes neben dem ungeschmälerten
Bestande des übernommenen Vermögens bar vorhanden sind[1].

Nach der tatsächlichen Vereinigung beider Gesellschaften
und ihrer Vermögensmassen können sich die Gläubiger beider
Gesellschaften unterschiedslos an die jetzt gemeinsame Ver-
mögensmasse halten.

Solange die Trennung der Verwaltung dauert, bleibt der
bisherige Gerichtsstand der untergegangenen Gesellschaft bestehen. Ihre Gläubiger können also die übernehmende Gesellschaft in d i e s e m Gerichtsstande verklagen. Sie können
sich, da ja die Übernehmerin ihnen auch mit ihrem übrigen
Vermögen haftet, freilich auch an den Gerichtsstand der übernehmenden wenden. Sie haben die Wahl (Abs. 3 § 306).

---

[1] Ziegler bei Holdheim S. 76.

§ 20.

Unwirksamkeit der Generalversammlungs- beschlüsse in den Fällen der §§ 303—306.

Generalversammlungsbeschlüsse sind entweder nichtig von Rechts wegen, wenn sie ein zwingendes Gesetz verletzen, unentziehbare Rechte der Aktionäre beeinträchtigen, oder infolge aktienrechtlicher Anfechtung in Gemäßheit der §§ 271 ff. HGB., wenn sie verzichtbare Rechte der Aktionäre beeinträchtigen, die auf Gesetz oder Statut beruhen.

Welche Folgen treten ein, wenn einer der Generalversammlungsbeschlüsse nichtig ist, die nach §§ 303—306 die Voraussetzungen der dort vorgesehenen Wirkungen sind?

Die Frage ist für die einzelnen in Betracht kommenden Beschlüsse besonders und für den Fall der Nichtigkeit von Rechts wegen und den Fall der Nichtigkeit infolge aktienrechtlicher Anfechtung verschieden zu beantworten.

1. Im Falle des § 306 handelt es sich um den Beschluß der Generalversammlung betreffend die Genehmigung des Veräußerungsvertrages. Dieser Beschluß hat zweierlei Wirkungen:

a) er führt die Auflösung der Gesellschaft herbei, aber nur, wenn diese nicht schon früher aus anderem Grunde erfolgt war;

b) er schafft die Legitimation des gesetzlichen Vertreters der Gesellschaft zum Abschluß des Veräußerungsvertrages und macht diesen wirksam.

Ist der Beschluß nichtig, sei es von Rechts wegen, sei es infolge erfolgreicher Anfechtung, so entfallen beide oben genannten Wirkungen.

a) Die Auflösung gilt als nicht erfolgt. Die erfolgte Eintragung der Auflösung ins Handelsregister — der Generalversammlungsbeschluß selbst wird ja nicht eingetragen — kann auf Antrag eines Berechtigten oder nach § 142 des Reichsgesetzes über die freiwillige Gerichtsbarkeit von Amts

wegen durch Eintragung eines entsprechenden Vermerkes gelöscht werden. Die infolge des Beschlusses eingetretene
Liquidation, das Amt des Liquidators, hören auf. Der bisherige Vorstand tritt, ebenso die anderen Organe, in un-
gehinderte Funktion. Die Gesellschaft besteht in Wirklichkeit in dem rechtlichen Zustande, in dem sie sich vor dem
Beschluß befand, also entweder als volle oder als Liquidationsgesellschaft.

b) Der gesetzliche Vertreter der Gesellschaft war in
Wirklichkeit zum Abschluß des Veräußerungsvertrages nicht
legitimiert. Er war falsus procurator und sein Vertrag hat
deshalb Rechte und Pflichten der Gesellschaft, aber auch
Rechte und Pflichten des Erwerbers nicht erzeugen können.
Was auf Grund des nichtigen Vertrages von der einen oder
anderen Seite geleistet worden ist, kann auf Grund der
§§ 812 ff. BGB. zurückgefordert werden; im übrigen erwachsen
Schadenersatzansprüche gemäß § 179 BGB.

c) Ein Generalversammlungsbeschluß, der von Rechts
wegen nichtig ist, ist es von Anfang an und dauernd. Die
Nichtigkeit kann von jedem, der ein Interesse daran hat,
jederzeit geltend gemacht werden, auch von der Gesellschaft
selbst, entweder mit einer auf Feststellung dieser Nichtigkeit
gerichteten Klage oder mit einer Klage auf Feststellung der
Nichtigkeit des Veräußerungsvertrages oder auf Geltendmachung von Ansprüchen aus dieser Nichtigkeit. Die Geltendmachung kann auch durch Widerklage oder Einrede erfolgen.
Passiv legitimiert für die Klage oder Widerklage ist entweder
die Gesellschaft oder der Erwerber. Die Klage folgt den gewöhnlichen Prozeßgrundsätzen. Das Urteil wirkt deklarativ
und nur inter partes. Der Registerrichter kann das Verfahren auf Löschung gemäß § 142 FGG. jederzeit in Bewegung
setzen.

Die Anfechtungsklage gemäß §§ 271 ff. HGB. folgt anderen
Grundsätzen. Sie kann nur auf Ungültigkeit des Generalversammlungsbeschlusses gehen. Passiv legitimiert
ist hier nur die Gesellschaft; aktiv legitimiert sind nur Aktionäre, der Vorstand und die einzelnen Mitglieder des Vor-

standes und Aufsichtsrats. Die Klage ist an die Frist von einem Monat gebunden und untersteht neben den allgemeinen, auch den in §§ 271—273 verordneten besonderen Prozeß-grundsätzen. Das Urteil wirkt konstitutiv und schafft, wenn es die Ungültigkeit des Beschlusses ausspricht, Recht für und gegen alle Aktionäre.

Der Registerrichter kann, wenn es sich um die aktien-rechtliche Anfechtung handelt, die Löschung der Auflösung von Amts wegen oder auf Antrag nur vornehmen, wenn die Anfechtung erfolgreich gewesen ist, ist also an diesen Aus-spruch des Prozeßrichters gebunden, während er die Löschung im Falle der Nichtigkeit von Rechts wegen stets ex officio vornehmen kann.

2. Im Falle des § 304 handelt es sich um einen General-versammlungsbeschluß mit doppeltem Inhalt:

Genehmigung des Veräußerungsvertrages und Genehmi-gung der Vereinbarung über den Liquidationsausschluß. Die Nichtigkeit des Beschlusses kann sich auf jeden dieser Teile des Beschlusses einzeln beziehen. Sind beide Abreden in einem Beschlusse genehmigt, so werden sie als ein untrenn-bares Ganzes anzusehen sein, so daß die Nichtigkeit des Be-schlusses über den einen Teil auch die Nichtigkeit des anderen nach sich zieht (§ 139 BGB.) Sind aber zwei be-sondere Beschlüsse gefaßt, zuerst der über die Genehmigung des Veräußerungsvertrages, sodann selbständig und in zeit-licher Trennung von ihm der über die Genehmigung der Ab-rede betreffend den Liquidationsausschluß, so kann der erste gültig, der zweite nichtig sein, während der umgekehrte Fall nicht in Betracht zu ziehen ist, da die Abrede über den Liquidationsausschluß überhaupt nur eine Bedeutung hat, wenn ein gültiger Beschluß über die Genehmigung des Ver-äußerungsvertrages vorliegt.

Wenn und solange nur der Beschluß über die Genehmi-gung des Veräußerungsvertrages mit einer der in § 304 be-zeichneten juristischen Personen vorliegt, der ja der Eintragung ins Handelsregister nicht bedarf, treten die eigentümlichen Wirkungen des § 304 überhaupt nicht ein, sondern nur die

zu 1 erwähnten im Falle des § 303. Erst wenn auch der
Beschluß über die Genehmigung der Liquidationsausschlußabrede gleichzeitig oder später gefaßt wird, liegt der Tat-
bestand des § 304 vor. Der Beschluß der Generalversammlung über die Genehmigung des Veräußerungsvertrages
legitimiert auch hier erst den gesetzlichen Vertreter der Gesellschaft zu solchem Abkommen. Aber alle rechtlichen
Wirkungen des Beschlusses treten hier nach ausdrücklicher
Vorschrift des Gesetzes erst mit der Eintragung des Beschlusses über die Genehmigung des Liquidationsausschlusses
ins Handelsregister ein.

Werden die beiden Beschlüsse der Generalversammlung
einheitlich gefaßt, so ist, sofern auch der diesem Beschlusse
entsprechende Vertrag in vorgeschriebener Form vorliegt, die
Auflösung der Gesellschaft und der einheitliche Beschluß zum
Handelsregister anzumelden und in dasselbe einzutragen. Die
Wirkung der Eintragung ist

a) die Auflösung der Gesellschaft, wenn sie nicht vorher
aus anderen Gründen erfolgt war,

b) die Legitimation der gesetzlichen Vertreter der Gesellschaft zum Abschluß des Vertrages seinem ganzen Inhalte
nach und infolge davon die Wirksamkeit des Vertrages selbst,

c) die Universalsukzession,

d) das Erlöschen der Firma der Gesellschaft.

Die Eintragung setzt einen gültigen Beschluß der
Generalversammlung voraus. Ist dieser — einheitliche — Beschluß nichtig, und zwar von Rechts wegen oder auf Grund
erfolgreicher aktienrechtlicher Anfechtung, so ist auch die
Eintragung nichtig und alle zu a bis d erwähnten Folgen
gelten als nicht eingetreten.

Die Gesellschaft ist trotz der eingetragenen Auflösung
nicht aufgelöst. Es gilt dasselbe wie zu 1 a. Der abgeschlossene
Vertrag ist seinem ganzen Inhalte nach nichtig; der gesetzliche Vertreter war nicht befugt, ihn abzuschließen und es
treten eventuell Schadenersatzansprüche gegen ihn aus § 179
BGB. an. Der erfolgte Übergang des Vermögens auf den
Erwerber ist nichtig. Da dieser Übergang sich aber ohne

Übertragungsakte vollzogen hatte und, da nichtig, wirksam nicht erfolgt war, so bedarf es hier besonderer Rück-übertragung nicht. Vielmehr sind die nur scheinbar berichtigten Grundbücher und Grundbucheintragungen nunmehr durch neuerliche Berichtigung in Übereinstimmung mit der wirklichen Rechtslage zu bringen. Soweit sich der Erwerber in tatsächlichem Besitze des Vermögens der Gesellschaft befindet, hat er es zurückzugeben oder zu ersetzen. Eine von ihm gewährte Gegenleistung ist ihm gemäß §§ 812 ff. BGB. zurückzugewähren.

Ist zunächst der Beschluß der Generalversammlung auf Genehmigung des Veräußerungsvertrages gefaßt, und erst später und getrennt davon der Beschluß auf Genehmigung der Liquidationsausschlußabrede, so treten, ohne daß zunächst der erste Beschluß einzutragen ist, mit ihm die Folgen zu a und b ein, mit der Eintragung des zweiten Beschlusses außer den Folgen zu c und d auch die weitere Folge, daß der gesetzliche Vertreter erst jetzt zum Abschluß des Vertrages über den Liquidationsausschluß legitimiert erscheint und dieser wirksam wird.

Ist nun der erste Beschluß nichtig, so fallen die Wirkungen zu a und b, aber auch, da der zweite Beschluß ohne den ersten gegenstandslos ist und ihn als gültig voraussetzt, die Wirkungen zu c und d fort und endlich die Legitimation des gesetzlichen Vertreters der Gesellschaft zum Abschluß des durch den zweiten Beschluß genehmigten Vertrages. Es treten also dieselben Folgen ein, die oben erwähnt sind.

Ist aber der erste Beschluß gültig, und nur der zweite nichtig, so bleiben als Wirkungen die Auflösung der Gesellschaft und der Veräußerungsvertrag bestehen. Nur die übrigen Wirkungen der Eintragung kommen in Fortfall. Es muß also nunmehr die durch die Eintragung beseitigt gewesene Liquidation wieder einsetzen und der Liquidator das scheinbar auf den Erwerber übergegangene Vermögen wieder an sich ziehen; er hat sodann die Liquidation in der regelmäßigen Art zu Ende zu führen und den Vertrag mit dem Erwerber gemäß § 303 zu erfüllen.

Auch in den Fällen des § 304 kommt in Betracht, daß
der Generalversammlungsbeschluß oder die Generalversammlungsbeschlüsse von Rechts wegen oder auf Grund erfolgreicher Anfechtung nichtig sein können und es gilt hierüber
dasselbe, was zu 1 b ausgeführt ist. Falls der Erwerber hier
Nichtigkeit von Rechts wegen als Kläger geltend machen
will, nachdem die Eintragung des Beschlusses ins Handelsregister erfolgt ist, fehlt es scheinbar an einem passiv Legi-
timierten. Allein der Erwerber behauptet ja in diesem Falle
gerade, daß nur der Schein des Erlöschens der Gesellschaft
vorliege, diese in Wirklichkeit mit allen ihren Organen, also
Vorstand oder Liquidator, weiter bestehe. Seine Klage ist
gegen die Gesellschaft, vertreten durch den bisherigen Vorstand oder Liquidator, zu richten.

Wenn der einheitliche Beschluß der Generalversammlung,
oder wenn bei Trennung der Beschlüsse der Beschluß auf
Genehmigung der Liquidationsausschlußabrede allein nichtig
oder gegenstandslos ist, so hat der Registerrichter die eingetragene Auflösung und den eingetragenen -Beschluß zur
Löschung zu bringen. Für die Löschung der Auflösung,
welche ja nicht Gegenstand, sondern Folge des Beschlusses
der Generalversammlung ist, gilt auch hier das zu 1 a Gesagte. Für die Löschung des Beschlusses kommt § 144
Abs. 2 f. FG. in Betracht. Die Löschung kann also hier von
Amts wegen nur erfolgen, wenn der Beschluß durch seinen
Inhalt zwingende Vorschriften des Gesetzes verletzt und
seine Beseitigung im öffentlichen Interesse erforderlich erscheint. Die richterliche Befugnis ist hier erheblich weiter
eingeschränkt als bei Löschung der Auflösung. Da, wo das
Gesetz lediglich die aktienrechtliche Anfechtung zuläßt, wird
es sich kaum je um ein öffentliches Interesse handeln, sondern
fast immer um das private Interesse eines einzelnen Be-
teiligten, so daß im Falle der Nichtigkeit auf Grund erfolgreicher aktienrechtlicher Anfechtung ein Einschreiten des Ge-
richts von Amts wegen selten wird erfolgen können. Es ist
Sache der Berechtigten, in diesen Fällen und immer, wenn
der Richter infolge der Bestimmung des § 144 Abs. 2 cit.

von Amts wegen nicht einschreiten kann, durch Anträge die Löschung des nichtigen Beschlusses herbeizuführen.

Das Erlöschen der Firma als Folge der Eintragung der Beschlüsse ist gemäß § 31 Abs. 2 HGB. anzumelden und einzutragen. Ist die Eintragung der Beschlüsse nach § 304 nichtig, so muß das eingetragene Erlöschen der Firma wieder gelöscht d. h. durch einen neu einzutragenden Vermerk beseitigt werden, und zwar auf Antrag eines Berechtigten oder von Amts wegen gemäß § 141 f. FGG., da auch hier nicht ein Beschluß, sondern die Folge eines Beschlusses der Generalversammlung einzutragen ist.

Was von der Berichtigung des Handelsregisters gilt, wenn es sich um das Erlöschen der Firma handelt, das gilt auch, wenn die Firma nicht erloschen, sondern nach der etwa getroffenen Abrede zulässigerweise auf den Erwerber übergegangen ist.

Ist der Beschluß auf Genehmigung des Veräußerungsvertrages und des Ausschlusses der Liquidation einheitlich gefaßt, so kann er nur einheitlich angefochten werden, sei es als nichtig von Rechts wegen, sei es gemäß § 271 ff. HGB. Die Nichtigkeit von Rechts wegen kann von Jedermann, der ein Interesse daran hat, jederzeit geltend gemacht werden, also von Aktionären, Dritten, dem Erwerber. Erfolgt diese Geltendmachung vor der Eintragung des Beschlusses ins Handelsregister, so ist passiv legitimiert die dann noch bestehende Gesellschaft. Der Registerrichter hat zwar selbständig zu prüfen, ob die Voraussetzungen für die Eintragung vorhanden sind und selbständig darüber zu entscheiden. Er wird aber angesichts eines solchen Anfechtungsprozesses vorsichtigerweise die Eintragung ins Handelsregister bis zu dessen rechtskräftiger Entscheidung aussetzen, um Komplikationen zu vermeiden. Im Falle aktienrechtlicher Anfechtung des Beschlusses wird der Registerrichter die Eintragung vor Ablauf der Klagefrist des § 271 Abs. 2 nicht vornehmen dürfen.

Erfolgt die Anfechtung wegen Nichtigkeit von Rechts wegen nach der erfolgten Eintragung des Beschlusses, so wird, wenn der Erwerber als Kläger auftritt, seine Klage gegen die bisherige Gesellschaft, vertreten durch den bisherigen Vorstand oder Liquidator, zu richten sein. Behauptet doch der Erwerber in diesem Falle, daß die Gesellschaft mit allen ihren Organen in Wirklichkeit noch bestehe. Ihre Löschung im Handelsregister hat an sich nicht die Wirkung, ihre Rechtspersönlichkeit zu vernichten.

Ist zuerst der Beschluß auf Genehmigung des Veräußerungsvertrages und sodann selbständig der Beschluß auf Genehmigung des Liquidationsausschlußabkommens gefaßt, so muß, wenn nur der erste angefochten wird, genau dasselbe gelten, weil die Nichtigkeit des ersten Beschlusses die Nichtigkeit des zweiten notwendig zur Folge hat, während umgekehrt die Nichtigkeit des zweiten Beschlusses auf die Gültigkeit des ersten ohne Einfluß ist.

Soll allein der zweite Beschluß für ungültig erklärt werden, so handelt es sich nur um Beseitigung der Wirkungen der sofortigen Universalrechtsnachfolge ohne Rücksicht auf die Gläubigervorschriften. Ein Interesse an dieser Anfechtung können nur die Gläubiger der Gesellschaft haben oder der Erwerber, der — abgesehen von dem Falle des § 25 HGB. — bei Ungültigkeit des Vertrages über den Ausschluß der Liquidation nur gemäß § 419 BGB., also mit der Beschränkung auf das übernommene Vermögen, im Falle des § 304 HGB. aber ohne diese Beschränkung für die Schuld der Gesellschaft haftet. Die Aktionäre als solche haben gar kein Interesse an der Ungültigkeit dieses Generalversammlungsbeschlusses allein und ebensowenig die Gesellschaft selbst. Sie können deshalb weder die Klage wegen absoluter Nichtigkeit dieses Beschlusses, noch die Anfechtungsklage aus § 271, und ebensowenig kann letztere der Vorstand als solcher anstrengen. Da auch die einzelnen Mitglieder des Vorstandes oder Aufsichtsrats weder ein allgemeines Interesse an der Anstrengung dieser Klage haben können, noch das besondere, im § 271 Abs. 4 erwähnte, entfällt die aktienrechtliche Anfechtung des Beschlusses der Generalversammlung über die Genehmigung des Liquidationsausschlußabkommens allein überhaupt. Von einer Haftbbarkeit oder gar Strafbarkeit[1] der Mitglieder des Vorstandes oder Aufsichtsrats, die nach § 271 Abs. 4 sie zur Klage legitimieren würde, kann mit Bezug auf diesen Generalversammlungsbeschluß nicht wohl die Rede sein. Das Gesetz fordert eine Haftbarkeit oder Strafbarkeit des Vorstandes und Aufsichtsrats bei „Ausführung" der von der Generalversammlung beschlossenen Maßregel. Die beschlossene Maßregel ist hier der Ausschluß der Liquidation. Einer besonderen „Ausführung" ist diese Maßregel überhaupt nicht fähig oder bedürftig. Wenn das Gesetz mit dem Ausschluß der Liquidation die sofortige Universalrechtsnachfolge in das Vermögen der Gesellschaft verknüpft, so ist das gesetzliche Folge, nicht Ausführung der beschlossenen Maßregel, keine Handlung des Vorstandes oder Aufsichtsrats.

In allen Fällen, in denen seitens eines Dritten oder eines Aktionärs der Gesellschaft nach deren Untergang, also nach Eintragung des Beschlusses ihrer Generalversammlung ins Handelsregister eine Anfechtung des Beschlusses erfolgt, ist kraft der positiven Vorschrift des § 309 HGB. der Erwerber für die Anfechtungsklage passiv legitimiert.

3. Im Falle des § 305 handelt es sich auf seiten der übertragenden Gesellschaft um denselben Beschluß wie im Falle des § 303, auf seiten der übernehmenden um einen qualifizierten Erhöhungsbeschluß. Es muß, wie oben ausgeführt, zunächst der letztere gefaßt und eingetragen werden. Alsdann erst kann der Vertragsschluß mit dem gesetzlichen Vertreter der übertragenden Gesellschaft erfolgen. Die Genehmigung zu diesem Vertragsschluß seitens der Generalversammlung der übertragenden Gesellschaft kann vorher oder nachher, auch schon vor dem Erhöhungsbeschluß erfolgen.

a) Stellt sich hier der Genehmigungsbeschluß als ungültig heraus, so greifen für die Ungültigkeit seiner Wirkung (Auflösung der übertragenden Gesellschaft, Mangel der Legitimation ihres Vertreters) dieselben Grundsätze Platz, die oben zu 1 a für den Fall des § 303 entwickelt sind. Es ist

---

[1] Vgl. Hagen bei Gruchot Bd. 42 S. 342.

infolge davon auch der beschlossene Veräußerungsvertrag ungültig. In weiterer Folge aber ist alsdann auch der von der übernehmenden Gesellschaft gefaßte qualifizierte Erhöhungsbeschluß ungültig. Denn der Vertragsschluß stellt hier die Übernahme des Erhöhungskapitals durch die übertragende Gesellschaft dar; er ersetzt die sonst erforderliche Zeichnung desselben. Ist aber dieser Vertragsschluß unverbindlich, so ist das erhöhte Kapital nicht wirksam übernommen und es liegt auch ein gültiger Erhöhungsbeschluß nicht vor, soweit derselbe auf Grund des § 306 ergangen ist.

b) Stellt sich der Erhöhungsbeschluß als unwirksam heraus, weil er von Rechts wegen ungültig oder mit Erfolg aktienrechtlich angefochten ist, so ist auch der Veräußerungsvertrag, der zwischen den beiden Vorständen geschlossen ist, nach § 282 Abs. 2 HGB. unwirksam. Denn er enthält ja eine Zusicherung von Bezugsrechten, die vor einem — wirksamen — Erhöhungsbeschlusse erfolgt wären. Eine Klage auf Gewährung gültiger Aktienberechtigungen und Aktienurkunden kann deshalb nicht angestrengt werden. Der Genehmigungsbeschluß der übertragenden Gesellschaft ist, soweit aus ihm die Legitimation ihres Vorstandes zum Abschluß des Vertrages und dessen Wirksamkeit folgt, gegenstandslos geworden. Dagegen bleibt die anderweite Wirkung dieses Genehmigungsbeschlusses, die Auflösung der Gesellschaft bestehen, wenn er nicht etwa bedingt gefaßt war. Und diese Wirkung kann nur im Wege der Neugründung oder auf dem bequemeren Wege des § 307 HGB. wieder beseitigt werden.

c) Der Erhöhungsbeschluß der übernehmenden Gesellschaft bedarf zu seiner Wirksamkeit der Eintragung ins Handelsregister (§ 277 Abs. 2). Vor dieser Eintragung ist er rechtlich zwar nicht bedeutungslos, weil er ja die Grundlage für die Eintragung bildet und deshalb, sei es nach allgemeinen Grundsätzen, sei es gemäß § 271 ff., angefochten werden kann. Aber die gewollte Wirkung erreicht er erst mit der Eintragung. Insofern hat die Eintragung rechtschaffende (konstitutive) Bedeutung. Daraus folgt aber keineswegs, daß die geschehene Eintragung die zur Nichtigkeit des Beschlusses

führenden Mängel heilt (S t a u b Anm. 7 zu § 277). Vielmehr
bleibt auch nach der Eintragung der Beschluß nichtig und
kann mit der allgemeinen oder der aktienrechtlichen Klage angefochten werden. Die Beseitigung der Eintragung kann von
jedem Interessenten erwirkt werden und auch von Amts wegen
auf Grund der Bestimmungen in § 142 ff. FGG. erfolgen durch
Eintragung der Nichtigkeit des Erhöhungsbeschlusses ins
Handelsregister.

d) Solange auf Grund des Erhöhungsbeschlusses neue
Aktien noch nicht ausgegeben sind, vollzieht sich die Beseitigung der Wirkungen der Vorgänge, die sich als nichtig
herausgestellt haben, ohne besondere Schwierigkeiten. In der
Regel wird bis dahin die übertragende Gesellschaft ihr Vermögen an die übernehmende ausgehändigt haben. Hat sie
es getan, so kann es mit der Bereicherungsklage zurückgefordert werden. Auch bestehen, wenn Vorstand oder Liquidator vor Ablauf des Sperrjahres und unter Verletzung der
Gläubigerschutzvorschriften die Aushändigung des Vermögens
oder seine Verteilung an die Aktionäre bewirkt haben, Ansprüche gegen Vorstand, Aufsichtsrat und Aktionäre gemäß
§§ 241, 249, 277 HGB. Die Ausgabe von neuen Aktien auf
seiten der übernehmenden Gesellschaft ist vor der Eintragung
der durchgeführten Erhöhung nach § 287 unzulässig und nach
§ 314 strafbar. Die trotzdem ausgegebenen Aktien sind
nichtig und begründen auch für gutgläubige Erwerber Anteils-
rechte nicht, sondern machen nur die Organe der Gesellschaft
schadensersatzpflichtig.

Bedenklicher gestaltet sich die Lage, wenn die Nichtigkeit der Beschlüsse aus § 305 erst nach Ausgabe der neuen
Aktien erkannt und festgestellt wird. Aber man wird auch
hier die auf Grund eines ungültigen Erhöhungsbeschlusses
ausgegebenen Aktien, selbst wenn sie sich nicht mehr in der
Hand des Liquidators der übertragenden Gesellschaft oder in
der Hand der Aktionäre derselben, sondern in dritter, selbst
gutgläubiger Hand befinden, für nichtig, die Erhöhung selbst
als nicht erfolgt anzusehen haben. Dritte Nehmer dieser
Aktien haben dann Gewährleistungsansprüche gegen ihre

Rechtsvorgänger bis hinauf zu denjenigen, in deren Hand die Aktienrechte zuerst zur Entstehung gelangt sind. Diese werden dann die zur Richtigstellung des Handelsregisters erforderlichen Anträge stellen und die Herstellung des früheren Zustandes unter Inanspruchnahme der §§ 812 ff. GBG. oder Schadensersatzansprüche durchsetzen können.

e) Für die Stellung des Registerrichters gilt im allgemeinen das zu 1c Ausgeführte. Nur ist zu beachten, daß es sich um zweierlei Berichtigungen des Registers handeln kann. Betreffend die übertragende Gesellschaft, so wird ihre Auflösung eingetragen, wenn dieselbe infolge des Genehmigungsbeschlusses erfolgt ist, nicht der Beschluß selbst. Erweist sich der Genehmigungsbeschluß als ungültig, so ist auf Antrag oder von Amts wegen die Eintragung, daß die Gesellschaft aufgelöst sei, durch einen entsprechenden Vermerk nach § 142 FGG. zu löschen. Betreffend die übernehmende Gesellschaft, so handelt es sich zunächst um Eintragung des Beschlusses auf qualifizierte Erhöhung des Grundkapitals. Erweist sich dieser Beschluß als ungültig, so kommt § 144 Abs. 2 FGG. zur Anwendung, worüber oben zu 2 schon gehandelt ist. Endlich kommt hier noch die Eintragung der durchgeführten Kapitalserhöhung in Betracht, für welche wiederum die Vorschrift des § 142 FGG. (Verfahren auf Antrag oder von Amts wegen) Geltung hat.

Der Registerrichter wird auch hier den Ablauf der aktienrechtlichen Anfechtungsfrist von einem Monat abwarten müssen und gut daran tun, auch den Ausgang eines etwa schwebenden Anfechtungsprozesses abzuwarten, bevor er durch Eintragungen von Beschlüssen Änderungen der Rechtslage herbeiführt, deren Beseitigung nicht unerhebliche Schwierigkeiten bereiten kann.

4. Im Falle des § 306 kombinieren sich die bisher entwickelten Grundsätze. Auf seiten der übertragenden Gesellschaft handelt es sich um einen Beschluß doppelten Inhalts, Genehmigung des Veräußerungsvertrages und des Abkommens über den Liquidationsausschluß. Bezüglich der Einheitlichkeit oder Trennung beider Beschlüsse gilt auch hier das zu

7*

§ 304 Ausgeführte. Auf seiten der übernehmenden Gesellschaft kommt auch hier ein qualifizierter Kapitalserhöhungsbeschluß in Betracht. Die Ungültigkeit des Beschlusses über
die Genehmigung des Veräußerungsvertrages führt, wie zu
§ 305 ausgeführt ist, auch die Ungültigkeit des Kapitalserhöhungsbeschlusses herbei und die Ungültigkeit des letzteren
die des ersteren. Bei Ungültigkeit des Beschlusses über die
Genehmigung des Veräußerungsvertrages, gleichgültig, worauf
dieselbe beruht, wird das Abkommen betreffend den Liquidationsausschluß und der sich darauf beziehende Genehmigungsbeschluß von selbst gegenstandslos. Die Ungültigkeit
des Beschlusses über die Genehmigung des Liquidationsausschlußabkommens endlich ist auf den rechtlichen Bestand
des Beschlusses über die Genehmigung des Veräußerungsvertrages und über die Kapitalserhöhung ohne Einfluß.

Für die rechtlichen Folgen einer erfolgreich durchgeführten
Anfechtung eines der im Falle des § 306 nötigen Beschlüsse
gilt das zu § 305 Ausgeführte, wobei zu beachten ist, daß
die Wirkungen der beabsichtigten Transaktion im Falle des
§ 306 erst mit der durchgeführten Kapitalserhöhung und
deren Eintragung ins Handelsregister eintreten. Für die Aktiv-
und Passivlegitimation und für die Stellung des Registerrichters und des Grundbuchrichters gilt auch hier das bei
§ 304 Ausgeführte.